인생의 함정을 피하는 생각 습관

인생의
함정을
피하는

생각
습관

웨이슈잉 지음 · **이지은** 옮김

올댓북스

생을 다한 사람이 하늘로 올라가 하느님을 만나게 됐다. 천국과 지옥의 차이가 뭐냐는 그의 질문에 하느님은 그를 작은 방으로 데리고 갔다. 맛있는 고기 수프가 끓고 있는 커다란 냄비가 방 가운데에 놓여 있었는데, 앙상하게 뼈만 남은 사람들이 숟가락을 하나씩 쥐고 그 주변을 에워싸고 있었다. 하지만 숟가락의 손잡이가 팔뚝보다 긴 탓에 숟가락으로 수프를 떠도 제 입에 갖다 댈 수 없었다. 맛있는 수프를 보며 침만 뚝뚝 흘리는 그들의 표정은 배고픔과 괴로움으로 일그러져 있었다. 그 광경에 입을 다물지 못하는 망자를 하느님은 다른 방으로 데리고 갔다. 역시나 방 한가운데에 맛있는 수프가 끓고 있었고 이전 방과 똑같은 길이의 손잡이가 달린 숟가락을 쥔 한 무리의 사람들이 있었다. 하지만 좀전의 방과는 달리 이곳 사람들은 통통하게 살이 찐 얼굴로 서로 수프를 떠먹여 주고 있었다.

"이게 바로 천국과 지옥의 차이다. 아까 그 방 사람들은 자기만 먹으려고 버둥대지만, 이 방 사람들은 서로에게 수프를 떠 먹여 주거든!"

우리가 세상을 살아가는 방법도 이처럼 180도 다른 경우가 많다.

당신은 누군가를 '멍청하다'고 손가락질하지만, 그 손가락이 가리키고 있는 것은 어쩌면 당신 자신일지도 모른다.

삶에는 수많은 심리적 '함정(맹점; Blind Spot)'이 존재한다. 자신에 대한 이해가 부족해 빠지게 되는 함정은 잘못된 인식과 행동을 가져올 수 있다.

그렇다면 우리는 함정을 어떻게 발견하고 극복할 것인가? 이러한 물음에 이 책이 좋은 해결책이 될 것이라고 믿는다. 이 책은 인생 전반, 일상생활, 인간관계, 사고방식, 성공, 일 등 인생길에서 우리가 흔히 빠질 수 있는 함정을 극복하는 방법을 보여주고 있다. 특히 생동감 넘치면서도 깊은 울림을 선사하는 고전 및 유명인사들의 에피소드를 통해 자신을 되돌아보는 것은 물론, 인간관계를 개선하거나 실패를 줄일 수 있는 방법을 소개하고 있다. 이 책을 통해 독자 스스로 당당하고 자신있게 인생과 성공을 마주할 수 있는 지혜와 용기를 북돋아주고 싶다.

1장
인생의 함정을
마주하라

**인생에는 늘 함정이 존재한다.
그렇다고 도망칠 필요는 없다**

사람의 인지 능력은 제한적이기 때문에 살아가면서 모든 함정을 피할 수는 없다. 그것이 피할 수 없는 운명이라면, 우리가 해야 할 일은 현재를 놓치지 않고 자신을 이해하며 끊임없이 성장해서 그 함정들을 극복하는 것뿐이다.

···01···

자신을 제대로 알아야 한다

많은 사람이 자신보다 자신에 대해 잘 아는 사람은 없다고 말하지만 이는 우리가 살아가면서 쉽게 빠질 수 있는 가장 크고 깊은 함정 중 하나다. 중국 북송시대의 시인 소동파(蘇東坡)는 '여산의 진면목을 알지 못하니, 단지 내 몸이 산 속에 있는 탓이리(不識廬山眞面目, 只緣身在此山中)'라며 자신의 부족함을 돌아봤다. 그렇다, 사람이 살아가면서 있는 그대로의 자신을 정확히 이해하는 것보다 어려운 일은 없다.

한 마을에 당나귀와 원숭이를 기르는 사람이 있었다. 어느 날, 원숭이가 주인집 지붕으로 재빠르게 기어 올라가더니 사뿐히 마당으로 뛰어 내렸다. 그 모습에 주인은 재주 많은 녀석이라며 너털웃음을 터뜨렸다. 그 모습을 지켜보던 당나귀는 주인의 사랑을 독차지한 원숭이에게 질투를 느낀 나머지, 엉금엉금 지붕 위로 기어 올라가기 시작했다. 하지만 자신의 예상과 달리 지붕에 발을 딛자마자 기와가 와장창하며 부서지고 말았다. 화가 난 주인은 당나귀를 마당으로 끌어내린 뒤 따끔하게 혼을 냈다. 당나귀로서는 억울할 뿐이었다. 똑같이 지붕에 올라갔는데 원숭이는 귀여움을 받고 자신은 왜 매질을 당해야 하는지 도무지 이해할 수 없었기 때문이다.

당나귀의 문제는 어디서 비롯되었는가? 그 답은 간단하다. 당나귀는 자신을 몰랐기 때문이다. 재주 많고 재빠른 원숭이와 행동이 굼뜬 자신의 특징을 제대로 파악하지 못한 탓이다. 사람 역시 이와 다르지 않다. 자신의 장단점을 아는 것, 자신을 파악하고 이해하는 것은 더 나은 자신이 되기 위한 첫걸음이다. 그렇다면 자신을 어떻게 파악하고 이해할 것인가?

첫째, 비교법

일 처리 방식은 물론, 사람이나 사물을 대하는 태도나 감정을 표현하는 방법 등을 다른 사람과 비교하는 것이다. 요컨대 타인을 '거울' 삼아 자신의 특징을 찾아냄으로써 자신을 알아가는 방식이다. 여기서 한 가지 주의할 점이 있다. 자신의 실제 상황을 바탕으로 조건이 비슷한 대상을 찾아 비교해야만 한다.

둘째, 자기반성법

자기반성은 실제 생활 속에서 자기반성, 자아성찰을 통해 자신의 개성과 능력, 장점과 단점을 이해하는 일종의 '자기체험'이다. 진정한 의미에서 성숙한 사람이란 자기 자신을 되돌아보는 것은 물론 자신의 장단점을 있는 그대로 수용하고 이를 개선하기 위해 부단히 노력하는 사람을 가리킨다. 자기반성을 통해서 우리는 '궤도'에서 벗어나지 않도록 자신을 효과적으로 조정할 수 있다.

셋째, 평가법

자신을 이해하는 동시에 자신에 대한 타인의 평가에 귀기울여야 한다. 타인의 평가는 주관적인 인식에 비해 훨씬 객관성을 띠기 때문이다. 하지만 타인의 평가에 귀를 기울일 때는 '균형 감각'이 필요하다. 특정한 누군가의 의견만 골라서 귀기울일 것이 아니라, 다른 사람들의 평가도 고루 수용해야 한다.

넷째, 경험법

살아가면서 우리가 겪게 되는 성패는 자신의 성격과 장단점이 있는 그대로 투영된 결과다. 그런 점에서 성공과 실패를 되돌아보며 정리하면 한결 정확하게 자신을 이해하고 자신의 장점을 발휘할 수 있다. 물론 단점으로 입은 피해나 손실도 메울 수 있을 것이다. 요컨대 장점을 키우고 단점을 줄이는 노력은 성공으로 통하는 가장 빠른 지름길이다.

우리가 자신의 장점을 파악하려는 이유는 그것을 더욱 높은 수준까지 끌어올리고 자신감 넘치는 인격을 갖추기 위함이지 타인에게 뭔가를 자랑하기 위함이 아니다. 이를 착각한다면 자신을 과대평가하는 실수를 저지르기 쉽다. 마찬가지로 자신의 부족함 역시 정확히 이해해야 한다. 부족함은 성장을 위한 밑거름이기 때문이다. 예를 들어 높이가 다른 여러 개의 나무 조각을 이어서 만든 나무통에 물을 부으면 가장 낮은 높이의 나무 조각 쪽으로 물이 흘러내리기 때문에 가장 낮은 조각의 높이만큼만 물을 담을 수 있는 것과 같다. 따라서 내게 있어 '가장 낮은 나무 조각'이 무엇인지를 찾아내야 한다. 그렇다고 해서 자신의 약점에 기죽을 것 없다. 그보다는 자신의 약점을 극복하고 스스로 성장하는 과정에서 즐거움과 성취감을 찾는 데 집중해라.

자신을 분석해서 장단점을 파악한 뒤에는 적극적인 행동을 통해 자신의 궤도를 수정하고 변경해야 한다. 그러려면 무엇부터 시작해야 할까?

첫째, 자신의 단점을 분석하라

자신의 부족한 점만 발견하고 그 원인을 이해하지 못한다면 똑같은 상황만 반복될 뿐이다. 예를 들어서 다른 사람들과의 소통이 문제라면 이러한 현상이 나타나게 된 원인을 적극적으로 분석해야 한다. 자신의 표현이 논리적이지 못한지, 아니면 이야기 주제가 다른 사람의 흥미를 끌지 못하는지 문제의 원인을 명확하게 파악해야 문제를 효과적으로 해결할 수 있다.

둘째, 목표를 설정하고 계획을 세운다

어디에 문제가 있는지 명확하게 진단했다면 문제를 어떻게 해결할 것인지, 또 어느 수준까지 해결할 것인지 목표를 세워야 한다. 논리

정연하게 말하지 못해서 소통에 어려움을 겪고 있다면 3개월 안에 자신의 생각을 분명하게 표현하겠다는 목표를 세우자. 첫 번째 달에는 전문적인 훈련을 통해 논리적 사고의 틀을 구축한다. 그다음 달에는 그 틀 안에서 내용을 채우는 연습을 한다. 이를테면 이야기할 내용을 직접 손으로 써본 뒤에 입으로 내뱉는 연습을 하는 것이다. 그리고 마지막 달에는 훈련했던 대로 말하고자 하는 내용을 생각한 뒤에 표현하는 실전 훈련에 나서야 한다. 일련의 과정을 거친 뒤에는 훈련의 강도를 조금씩 높여가며 최종 목표에 도달해야 한다.

셋째, 주기적으로 반성하고 주변의 의견을 구하라

계속해서 소통을 예로 들어 설명해 보자. 논리력을 강화하는 과정에서 자신의 변화가 가시적인 성과로 드러나는지, 혹은 주변에서 그 변화를 감지할 수 있는지 주변 사람들에게 먼저 물어보자. 지속적으로 주변으로부터 의견을 구해 자신의 변화 전략과 속도를 조절하는 것이 좋다.

넷째, 자신을 믿고 한결같이 노력하라

습관은 하룻밤 사이에 고쳐지지 않는다. 양적인 변화는 단기간에는 알아보기 어렵지만 그렇다고 해서 변화가 안 일어난다는 뜻은 아니다. 일단 포기하면 그동안의 모든 성과가 물거품처럼 사라진다. 자신을 믿고 한결같이 노력하라. 그래야 양적인 변화가 질적인 변화로

'업그레이드'될 수 있다.

불길이 뜨겁게 타올라야 봉황은 그 불길 속에서 더욱 강하고 아름답게 '부활'할 수 있다. 누에고치 속 애벌레 역시 죽음을 각오해야 비로소 화려한 나비로 '변태'할 수 있다. 의식적으로 자신을 새롭게 이해하고, 과감하게 자신을 바꿀 줄 아는 용기와 지혜를 갖춰야 비로소 성공에 한 발 더 가까이 다가설 수 있을 것이다.

....

● OPEN YOUR EYES ●

....

현명한 사람은 종종 자신을 반성하고 새롭게 이해할 줄 안다. 왜냐면 그들은 세상에서 변하지 않는 유일한 것이 변화라는 사실을 알고 있기 때문이다. 주변의 환경이 변하면 자신도 그 변화의 흐름에 몸을 맡겨야 한다. 시대의 흐름에 순응하면서도 시대의 변화에 끊임없이 적응해야 자신만의 길을 개척할 수 있다.

인생 최대의 적은 자신이다

살아가면서 우리가 겪게 되는 수많은 위협은 어디서 비롯될까? 이러한 질문에 대부분의 사람이 경쟁자를 지목하지만 이는 우리가 나 자신을 이해하는 과정에서 쉽게 빠질 수 있는 '함정'이다. 남보다 앞서고 성공하고 싶다면 자신부터 뛰어넘어야 한다. 인생 최대의 적은 다른 사람이 아닌 나 자신이다.

포드 자동차의 창업주인 헨리 포드(Henry Ford)는 유명한 V8 모델을 선보이기 위해 개발팀에 실린더 8개가 달린 엔진을 개발하라는 지시를 내렸다.

엔지니어 중 한 명이 실린더가 8개나 달린 엔진을 개발하는 것은 기술적으로 절대로 불가능하다며 고개를 저었다. "제 오랜 경험으로 볼 때 8기통 엔진을 개발하는 건 도저히 말이 되지 않습니다. 저와 내기를 하셔도 좋습니다. 8기통 엔진을 개발하는 사람이 있으면 제 한 해 연봉을 주겠습니다!"

이 제의를 받아들인 포드는 자신만만한 표정이었다. "아직까지 세상에 8기통 모델이 없다고 해도, 최대한 많은 자료를 수집해서 분석하고 개선하다 보면 어떻게든 해결책을 찾을 수 있을 거야."

그 결과 기적이 일어났다. 개발팀은 전 세계에 존재하는 모든 자동차 엔진에 관한 자료를 수집, 정리한 뒤 과학적인 설계를 통해 8기통 엔진을 개발하는 데 성공했다.

약속대로 자신의 연봉을 주겠다는 엔지니어의 제안을 포드는 단칼에 잘라냈다. "그럴 필요 없네. 연봉은 그대로 가져가게, 다만 우리 회사에 자네에게 맞는 일자리는 없는 것 같군!"

더 높이 뛰어오르겠다며 입으로만 떠들 뿐 아무런 준비도 하지 않는다면 영원히 원하는 목표에 이를 수 없다. 앞으로 나아가지 못하고 제자리걸음하거나 심지어 뒷걸음질친다면 빠르게 변하는 사회에서 도태될 수밖에 없다.

미국의 석유 재벌인 장 폴 게티(Jean Paul Getty)는 소문난 애연가로 한시도 담배를 손에서 놓지 않는 것으로 유명했다. 어느 날 우연히 들른 도시에서 하룻밤 묵게 된 게티는 새벽 2시쯤에 잠에서 깼다. 담배를 피우고 싶었지만 주변 식당이나 술집은 이미 문을 닫은 상태였고, 그곳에서 유일하게 담배를 얻을 수 있는 곳은 1km 밖에 있는 기차역뿐이었다. 비까지 내려 추운 새벽에 게티는 주섬주섬 옷을 입은 뒤 우의를 챙기고는 외출할 준비에 나섰다. 방문 앞으로 걸어가던 그는 불현듯 자신이 무슨 짓을 하고 있는지 깨달았다. '난 사회적으로 명망 있고 지위도 있는 사람이야. 사람들은 날 성공했다고 말하지. 수많은 시련을 극복하고 위험천만한 경쟁자를 물리친 승자라고……. 그런 내가 고작 담배 하나 때문에 새벽에, 그것도 비를 뚫고서 나가겠다는 건가? 이런 나를 사람들이 보면 스스로를 다스릴 줄 모르는 한심한 작자라고 비웃을 거야!' 게티는 고민 끝에 담배 사러 나가는 걸 포기하고, 다시 침대에 누워 잠을 청했다. 신기하게도 그는 금세 단잠에 곯아떨어졌다. 이보다 더 중요한 사실은 그가 이 일을 계기로 다시는 담배를 피우지 않았다는 것이다.

게티는 금연을 자신이 살면서 거둔 가장 중요한 승리라고 말했다. 난생 처음 자신과의 싸움에서 거둔 승리였기 때문이다. 게티는 이후 사업을 추진하면서 많은 시련을 겪었지만 어떠한 경우에도 결코 포기하지 않았다. 이러한 자신감을 바탕으로 게티는 사업 영역을 점차 확대하더니 급기야 세계 최고의 부자라는 타이틀을 거머쥐는 데 성공했다. 게다가 건강도 점점 좋아져서 여든 살 고령에도 밤새 일할 만큼 남다른 활력을 자랑하기도 했다.

우리의 최대 적은 나 자신이며, 나를 이끌어 주는 최대의 동력 역시 나로부터 비롯된다. 어려움 앞에서 뒤로 물러나는 사람은 시련 때문이 아니라 자신의 소극적인 태도와 유약한 성격 탓에 도망친다. 이에 반해 성공한 사람은 언제나 자신을 경쟁자로 삼고 도전한다. 치열한 싸움 끝에 자신을 물리치고 원대한 꿈을 이룰 수 있는 비법은 무엇인가?

포용력을 지녀라

환경을 바꿀 수 없다면 환경에 적응해라. 다른 사람을 바꿀 수 없다면 내가 바뀌어야 한다. 객관적인 사실을 바꿀 수 없다면 그 사실을 대하는 자신의 태도를 바꿔라. 자신의 처지를 원망하거나 슬퍼하지 말고, 모든 것을 품을 수 있는 햇빛의 포용력을 지녀라. 그래야 온갖 시련과 역경, 심지어 모욕 등을 참아내고 이를 한발 전진을 위한 동력으로 삼을 수 있다. 현실에 안주하지 않고 더 높은 목표를 향해 나아가려는 향상심은 우리에게 기회를 선사한다. 지금 흘리는 땀방울 하나하나가 성공적인 미래를 보장할 것이다.

신념을 길러라

자신을 충분히 이해하고 모든 것을 감내할 수 있는 포용력을 갖췄다면 이제는 성공할 수 있다는 신념을 길러야 한다. 신념은 관념, 원칙과 이상 등에 대해 인간이 만들어 낸 심리적인 믿음으로서, 성공을 좇게 만드는 원동력이자 무한한 힘을 불어넣는 근원이다.

한 소년이 화재 사고에서 심각한 화상을 입고 말았다. 의료진의 정성 어린 노력 덕분에 소년은 죽음의 위기를 넘겼지만, 남은 생을 하반신 마비라는 장애를 지닌 몸으로 살아야 한다는 청천벽력과 같은 소식을 접해야 했다.

어느 날, 소년의 엄마가 바람을 쐬자며 소년을 휠체어에 태운 뒤

근처 공원으로 향했다. 볼일이 있다며 엄마가 잠시 자리를 비운 사이, 소년은 혼자서 일어날 수 있다는 의욕을 불태우며 온 힘을 다해 휠체어에서 내려왔다. 힘이 전혀 들어가지 않는 다리를 끌며 소년은 오로지 팔 힘으로만 잔디 위를 힘겹게 기어가기 시작했다. 그렇게 조금씩 나아간 끝에 소년은 잔디 울타리까지 기어가는 데 성공했다.

잠시 숨을 고르던 소년은 젖 먹던 힘을 다해 울타리를 붙잡은 채로 천천히 몸을 일으키더니, 울타리에 기댄 채 아주 조금씩 걸음을 옮기기 시작했다. 몇 걸음도 채 되지 않는 짧은 거리였지만 소년의 이마에서는 굵은 땀방울이 뚝뚝 떨어졌다. 잠시 발걸음을 멈춘 소년은 가쁜 숨을 몰아쉬다가, 다시 이를 악문 채 울타리 끝을 향해 조금씩 걸어가기 시작했다.

소년은 날마다 울타리에 몸을 기댄 채 걷는 연습을 반복했지만 꽤 오랜 시간이 지나도록 잃어버린 다리의 감각은 좀처럼 돌아오지 않았다. 소년은 휠체어에 탄 채 남은 삶을 살고 싶지는 않다며 언젠가 반드시 자신의 두 다리로 마음껏 뛰어다닐 거라고 자신을 다그쳤다. 그리고 마침내 어느 날 새벽, 평소처럼 힘없이 늘어진 다리를 끌며 걷는 연습을 반복하던 소년은 갑자기 찌르는 듯한 아픔을 느꼈다. 깜짝 놀란 소년은 다시 힘겹게 걸음을 옮겼다. 다른 사람이라면 어떻게든 피하고 싶은 고통이었지만 소년은 자신도 걸을 수 있을지 모른다는 생각에 오히려 그 고통을 마음껏 즐겼다.

그날 이후, 소년의 회복세가 눈에 띄게 개선되기 시작했다. 여전히 울타리를 짚은 채였지만 천천히 혼자서 일어날 수 있는 것은 물론, 걸어 다닐 수도 있었다. 그 후 병원 사람들은 병원 이곳저곳을 뛰어다니는 소년의 모습을 종종 볼 수 있었다.

정상인과 똑같은 생활을 할 수 있게 된 소년은 어엿한 대학생이 되어 학교를 대표하는 육상선수로 뽑히기도 했다. 소년의 이름은 육상 부문 세계 신기록 보유자인 글렌 커닝엄(Glenn Cunningham)이다. 심한 화상으로 하반신 마비라는 장애까지 입게 된 그가 박사 학위를 따고, 세계 신기록까지 보유할 수 있었던 것은 어린 시절에 자신에게 이기는 법을 배웠기 때문이다. 명심하라, 다른 사람에게는 져도 자신에게만은 반드시 이겨야 한다.

● OPEN YOUR EYES ●

성공의 최대 적은 자기 자신이다. 우리는 시련을 극복하고 다른 사람을 뛰어넘지만 자신이라는 벽을 뛰어넘어야 한다는 생각을 하지 못한다. 성공으로 향하는 길 위에는 나 자신이라는 무척 까다로운 상대가 당신의 도전을 기다리고 있다. 머뭇거리지 말고 자신에게 과감히 도전하라.

03

부족함의 미학

완전무결하기를 바라는 것은 많은 사람이 세상을 살아가면서 쉽게 빠질 수 있
는 함정이다. 세상 만물은 저마다 부족한 면을 지니고 있다. 사람 역시 다르지
않다. 완벽한 사람과 사물이란 존재하지 않는다. 부족해야 완벽해질 수 있고,
모자라야 정상이다.

어느 마을에 크고 아름다운 진주를 손에 넣은 사내가 있었다. 누가
봐도 완벽한 진주였지만 정작 사내는 진주를 볼 때마다 아쉬운 마음
을 감출 수 없었다. 왜냐면 진주 표면에 작은 티가 있었기 때문이다.
이것만 없으면 훨씬 더 비싼 값에 진주를 팔 수 있다는 생각에 사내
는 진주의 표면을 살살 긁어내기 시작했다. 그럼에도 티가 사라지
지 않자 사내는 계속해서 진주 표면을 벗겨냈다. 하지만 마지막 한
겹을 벗겨냄과 동시에 결국 진주는 사라지고 말았다. 억울하고 분
한 마음에 몸져누운 남자는 시름시름 앓다가 죽음의 문턱에 이르게
됐다. 죽기 전에도 사내는 진주에 대한 아쉬운 마음을 놓지 못했다.
"그때 내가 티에만 매달리지 않았어도 지금쯤 내 손에 크고 아름다

운 진주를 갖고 있을 텐데……."

살아가면서 우리가 겪게 되는 고통과 불행 모두 완벽함에 대한
집착에서 비롯된다. 황금 중에 순금이 없듯, 사람 중에도 완벽한 사
람은 없다. 지나친 집착에 사로잡힌 채 변화의 물결을 거부한다면
완벽주의를 추구하면서 생기는 심리적 함정에 빠질 수밖에 없다.

평소 배낭여행을 좋아하는 윌리엄은 차를 타고 미국 오대호를
돌다가 남루한 차림의 노인을 만났다. 낡아빠진 짐을 짊어진 노인의
얼굴에서 지나간 세월의 고단함이 고스란히 묻어났다. 얼마나 오랫
동안 여행했는지 신발에는 구멍이 여럿 나 있었다.

하지만 초라한 외모에 어울리지 않게 노인의 눈동자에는 생기가
넘쳤다. 걸어 다닐 때나 잠시 자리에 누워 휴식을 청할 때도 노인은
언제나 두 눈을 반짝이며 오가는 사람들을 자세히 관찰했다.

궁색한 차림과 유난히 반짝이는 눈동자의 부조화는 주변 사람들
이 저절로 되돌아보게 할 만큼 이상한 끌림이 있었다. 그 모습에 사
람들은 노인이 단순한 나그네가 아니라 특별한 무언가를 찾는 철학
자일 거라며 수군거리기도 했다.

그렇다면 대체 무엇을 찾는 것일까? 호기심을 이기지 못한 윌리
엄이 노인에게 무엇을 찾느냐고 물었다.

"나는 자네만 한 나이에 완벽한 여인을 찾아 아내로 삼겠다고 맹
세했다네. 그래서 그때부터 고향을 떠나 꿈에 그리던 이상형을 만나

기 위해 이 마을 저 마을을 돌아다니고 있지. 하지만 아직까지 그런 여인은 찾지 못했지 뭔가."

"대체 얼마 동안 찾아다니신 겁니까?"

"으음, 한 60여 년 된 것 같군."

"네에? 60년 동안 돌아다녔는데 완벽한 여인을 여전히 찾지 못하셨다고요? 혹시 이 세상에 완벽한 여인 같은 건 애당초 없는 게 아닐까요? 그렇다면 죽을 때까지 돌아다녀도 그런 사람을 찾지 못할 텐데……."

"아닐세, 완벽한 여인은 분명 있다네! 30여 년 전에 그런 여인을 내 두 눈으로 직접 봤거든. 30여 년 전의 어느 날 새벽에 세상에서 가장 완벽한 여인을 만났지. 온몸에서 환한 빛이 뿜어져 나오는 게 꼭 하늘에서 내려온 천사 같더군. 따뜻한 마음으로 사람들을 대하고 천진난만하면서도 우아한 기품을 지닌 여인이었어. 정말이지 완벽 그 자체였다네……."

추억에 잠긴 노인에게 윌리엄이 왜 청혼하지 않았냐고 물었다.

그 말에 노인은 뜨거운 눈물을 흘렸다.

"물론 그녀에게 내 아내가 되어 달라고 했지만 퇴짜 맞고 말았다네."

"대체 그 이유가 뭡니까?"

"왜냐면 그녀는 세상에서 가장 완벽한 남자를 찾고 있었거든!"

우리 주변에는 위의 이야기에 등장하는 노인처럼 완벽한 반려자, 또는 완벽한 일, 완벽한 삶을 찾아 평생 헤매는 사람들이 적지 않다. 하지만 시간은 흐르는 강물처럼 멈추지 않고 흐르고, 다시는 되돌아오지 않는다. 실현 불가능한 완벽함을 좇을 바에야 손에 쥘 수 있는 눈앞의 행복을 쥐는 것이 더욱 현실적이리라.

세상에 완벽한 것은 존재하지 않는다. 삶의 여정에서 '완벽'이라는 무거운 짐을 짊어지지 마라. 그것은 우리가 살아가면서 짊어질 필요가 없는 짐일 뿐이다. 완벽함은 우리의 마음속에 자리잡은 일종의 '신기루'이다. 신기루를 동경하거나 찬양할 수는 있어도 그것이 현실에 존재한다고 여긴다면 스스로 빠져나갈 수 없는 함정에 빠질 수 있다.

서양 미술사에는 가장 아름다운, 그리고 경외심을 가장 많이 불러일으키는 세 쌍의 손이 존재한다. 첫 번째는 모성애 넘치는 성모 마리아의 손, 두 번째는 독특한 자세를 취하고 있는 모나리자의 손, 마지막은 비너스의 부러진 손이다.

그중에서도 비너스의 손은 정확히 말해서 우리의 눈에 보이지 않는다. 조각의 어깨가 부러진 탓에 비너스가 어떤 손을 지니고 있었는지 알 수 있는 방법이 없다. 그래서 많은 사람이 그녀의 완벽한 조각에서 떨어져 나간 어깨를 보며 깊은 한숨을 쉬거나, 아쉬운 마음에 눈물을 흘리기도 한다. 요컨대 불완전함은 살아가면서 가치를 지니고 있던 무언가가 사람들의 눈앞에 드러나는 것이다. 수백 년 동안 많은 예술가가 조각의 부러진 어깨가 원래 어떤 형태였는지를 놓고 다양한 추측을 해왔다. 그중에는 부러진 어깨를 복원할 수 있는 방법을 제시한 이도 적지 않았다. 누군가는 비너스 조각이 손을 아래로 늘어뜨리고 있을 것이라고 주장했고, 또 다른 누군가는 손에 꽃송이나 우정의 화환 같은 걸 쥐고 있을 것이라고 이야기했다. 왼손으로는 황금 사과를 들고, 오른손으로 떨어지는 옷자락을 움켜쥐고 있을 것이라고 주장한 사람도 있었다. 다양한 의견이 제시됐지만 모든 사람이 만족할 만한 복구 방안이 없자, 사람들은 결국 어깨가 부러진 상태의 조각상을 그대로 두기로 했다.

상상의 여지를 남겨 둠으로써 조각상을 관람하는 사람들은 저마다 자신이 생각하는 모습으로 비너스의 두 손을 상상할 수 있었다. 그 덕분에 비너스는 자신만의 불완전함을 앞세워 다른 예술 작품이 줄 수 없는 감동을 선사했다.

● OPEN YOUR EYES ●

억척스럽게 완벽함을 추구하지 마라. 잃은 것보다 더 많은 것을 얻는 데 집중하라. 그것이야말로 온전한, 그리고 정상적인 삶이다.

긍정의 힘

'솜씨 좋은 아낙네도 쌀 없이는 밥을 지을 수 없다.' 대부분의 사람이 어려움에 직면했을 때 빠지기 쉬운 함정이다. 아무런 조건도 없는 상태에서 변화할 수 없다면 그저 가만히 앉아서 변화의 물결에 휩쓸릴 것인가? 불가능한 것을 가능케 하는 것, 역경 속에서 돌파구를 찾아 상황을 역전시키는 '긍정의 힘'을 믿어라.

잡지사 직원인 다니엘은 입사하자마자 광고 업무를 맡게 됐다. 남다른 자신감으로 무장한 그는 연봉을 올려 달라고 말하는 대신, 광고를 수주할 때마다 인센티브를 받고 싶다고 제의했다. 회사로서는 크게 손해 볼 것 없다는 생각에 그의 상사는 다니엘의 요구를 흔쾌히 수락했다.

그 후 다니엘은 본격적인 업무에 착수했다. 일단 특별한 고객들로 구성된 명단을 작성한 뒤 직접 발품을 팔며 고객들을 일일이 방문하기 시작한 것이다. 말이 좋아 '특별한 고객'이지 회사에서 까다롭기로 유명한 고객사로 이루어진 '블랙리스트'였다. 말이 전혀 통하지 않는 고객들이라며 모두 고개를 절레절레 흔들었지만 다니엘의 생각은 달랐다. 그들을 방문하기 전에 다니엘은 방문을 걸어 잠근 채 거울 앞에 서서 명단 속 고객의 이름을 10번씩 소리 내서 읊기 시작했다. 그러고는 거울 속 자신을 향해 입을 열었다. "이번 달이 지나기 전에 반드시 광고를 따내고 말겠어!"

강한 자신감으로 무장한 다니엘은 고객사를 일일이 방문하기 시작했다. 방문 첫날, 당초 'No'라고 대답했던 고객사 20곳 중 3곳으로부터 계약을 따는 데 성공했다. 첫 번째 주가 미처 다 지나가기도 전에 또다시 2곳의 고객으로부터 광고 의뢰를 받았다. 그리고 첫 번째 달이 끝날 무렵, 고객사 20곳 중 한 곳을 제외한 모든 곳으로부터 계약서를 받아낼 수 있었다.

그리고 그다음 달, 다니엘은 신규 고객사를 발굴하는 데 매달리지 않고 매일 새벽, 자신의 제의를 거절한 고객의 가게를 찾아가기 시작했다. 가게 문이 열리자마자 다니엘은 안으로 들어가 고객을 설득했지만 매일 아침 되돌아오는 대답이라고는 'No'뿐이었다. 고객이 No라고 할 때마다 다니엘은 아무것도 듣지 못한 척하며 다음에 또 오겠다는 말과 함께 문 밖으로 향했다. 이렇게 하기를 어언 한 달, 다니엘에게 30일 내내 No라고 대답했던 상인이 호기심 어린 눈빛으로 입을 열었다. "지난 한 달 동안 하루도 빠지지 않고 찾아왔던 이유가 대체 뭐요? 헛수고라는 걸 뻔히 알면서도 왜 날 찾아온 거요?"

"헛수고라고 생각한 적 없습니다. 지난 한 달 동안 제가 학생이었다면 고객님은 제 선생님이라고 생각했거든요. 역경 속에서도 꺾이지 않는 법을 배우고 있었으니까요." 그 말에 상인은 고개를 끄덕이더니 다니엘을 향해 입을 열었다. "당신에게도 그렇듯, 내게도 당신은 선생님이었소. 덕분에 좋은 수업 잘 들었소. 돈보다 소중한 가치를 당신 덕분에 배웠으니…… 감사의 뜻으로 당신네 잡지사에 광고를 의뢰하고 싶구려. 내 학비인 셈 치고."

모두가 불가능하다고 말했지만 다니엘은 그 사실을 받아들이지 않고 불가능한 것을 가능한 것으로 바꾸는 길을 선택했다. 뛰어난 재주나 내세울 만한 조건이 뒷받침되어서가 아니라 매일 이른 새벽부터 고객의 가게 문을 두드릴 줄 아는 뚝심 덕분이었다. 대부분의 사람은 실패했다고 처음부터 바로 포기하지는 않지만 실패가 계속되다 보면 결국 포기하고 만다. 끝까지 포기하지 않고 눈앞의 결과를 바꾸려고 꾸준히 노력하는 사람이 손에 꼽을 정도로 적은 것도 모두 뚝심이 없기 때문이다. 그래서 성공은 쉽지 않고 현재의 상황을 바꾸려는 사람만 차지할 수 있는 '트로피'인 셈이다.

어느 양계장에서 신기한 일이 벌어졌다. 노란 병아리 사이로 거뭇거뭇한 어린 매가 열심히 모이를 쪼아 먹고 있는 게 아닌가? 알고보니 양계장에서 태어난 어린 매가 자신을 병아리라고 착각해서 닭들과 스스럼없이 지내고 있었던 것이다. 이제는 덩치도 커지고 날카로운 부리와 발톱까지 갖춘 매를 더 이상 닭들과 같이 둘 수 없다는 생각에, 농장 주인은 매를 멀리 날려 보내기로 했다. 먹이로 유인하고 거칠게 다루며 쫓아내기도 수차례, 하지만 매는 끝내 날아가지 못했다. 자신을 날지 못하는 병아리라고 생각했기 때문이다.

결국 실망한 농장 주인은 아무 짝에도 쓸모없다며 매를 낭떠러지로 데리고 가서 휙 하고 던져버렸다.

갑작스러운 상황에 매는 바닥을 향해 빠르게 떨어지기 시작했다. 어떻게든 살기 위해 날개를 퍼덕이던 매가 바닥에 떨어지기 직전 가까스로 날개를 펴고 날아올랐다. 대체 어떻게 된 것일까? 까마득한 낭떠러지 아래로 떨어지면서 매의 본능이 깨어난 것이다. 자신의 날개가 장식용이 아니라 하늘을 유유히 가로지를 수 있는 소중한 무기임을 깨달았기 때문이다.

때로는 바꿀 수 없다고 생각한 무언가가 실은 허구에 불과할 수도 있다. 그럴 때는 자신을 거칠게 몰아세워라! 그래야 당신의 잠재력이 비로소 눈을 뜨게 될 것이다.

황량한 사막 한가운데에 자리잡은 작은 숲에 십여 마리의 새가 힘겹게 살아가고 있었다. 연일 계속되는 모래 폭풍에 서식지가 줄어드는 것을 지켜보던 새 한 마리가 이곳을 떠나기로 마음먹었다. 어느 날 다른 새들에게 이곳에 계속 머물러 있다가는 죽을 수 있으니 새로운 서식지를 찾아보자고 설득했다. 하지만 다른 새들의 반응은 냉랭하기 그지없었다. 사방이 사막인 이곳을 함부로 떠났다가는 죽을 게 뻔하다는 이유에서였다.

동료들의 반응에 상처를 받은 새는 혼자서 새로운 서식지를 찾겠다며 정든 숲을 떠났다. 그리고 십여 일에 걸친 고된 여정 끝에 커다란 오아시스를 발견했다.

한편 숲속을 떠나지 않은 새들은 얼마 뒤 불어닥친 거대한 모래 폭풍에 파묻혀 죽고 말았다.

눈앞의 현실을 바꿀 수 없을 때는 현실에 머물 것이 아니라, 현실에서 벗어나 새로운 현실을 만들어야 한다. 동물의 세계처럼 오늘날의 사회에도 적자생존의 법칙이 지배한다. 그 속에서 우리는 숲속에 안주하는 쪽을 택한 어리석은 새가 아니라, 현실에 '불만'을 품고 새로운 오아시스를 찾아 나선 새가 되어야 할 것이다.

작은 강을 사이에 두고 마주한 산에는 각각 작은 산사가 세워져 있었다. 그곳에 살고 있던 스님들은 서로 멀찍이 떨어져 있었지만 매일 같은 시간에 물을 긷기 위해 강을 찾곤 했다. 매일 얼굴을 보다 보니 두 사람은 어느새 서로의 안부를 물을 만큼 친한 사이로 발전했다.

어느 날, 왼쪽 산에 기거하는 스님이 강가에 모습을 드러내지 않자 오른쪽 산에 사는 스님은 늦잠을 잤으리라 여기고 크게 신경 쓰지 않았다. 하지만 그 후로 일주일이 지나도록 상대가 모습을 드러내지 않자, 오른쪽 산에 사는 스님은 친구가 아픈 건 아닌지 걱정에 휩싸여 한걸음에 달려갔다. 그런데 왼쪽 산에 사는 스님은 그곳에서 무공을 연마하고 있었다. 게다가 아픈 사람이라고 생각하기에는 혈색도 좋아 보였다. 대체 어떻게 된 노릇인지 이해할 수 없었던 스님이 일주일 동안 왜 물을 길러 오지 않았냐고 물었다. 그러자 왼쪽 산에 사는 스님이 친구를 산사 뒤편의 후원으로 데리고 가다니 자그마한 우물을 가리켰다. "지난 몇 년 동안 날마다 조금씩 우물을 파고 있었네. 바쁠 때도 있었지만 단 하루도 우물 파기를 멈춘 적이 없었지. 지성이면 감천이라고 하더니 드디어 땅 속에서 물이 솟아나더군. 앞으로 물을 길러 하산할 일은 없을 것 같네. 이제는 내가 하고 싶은 일을 하는 데 많은 시간을 보낼 생각이네."

변할 수 없다고 해서 그 사실을 수동적으로 받아들이는 것이 유일한 답은 아니다. 지금부터 당장 행동하며 날마다 자신의 꿈을 향해 나아가야 한다. 그러다 보면 물을 길러 힘들게 산을 내려가지 않아도 되는 자신만의 우물을 얻을 수 있을 것이다. 무언가를 바꿀 수 없다는 사실은 일시적인 현상일 뿐이다. 원하는 목표나 꿈이 앞에 있는데 먼저 다가가지 않으면 그것 역시 당신에게 다가오지 않는다. 세상에서 피라미드 꼭대기에 오를 수 있는 동물은 매와 달팽이뿐이라고 한다. 당신이 어느 타입이든지, 일단 행동하는 순간부터 쉬지 않고 피라미드 꼭대기를 향해 나아가야 한다.

사람의 잠재력은 무한하다. 포기하지 않는다면 이루지 못할 일이
란 없다. 성공하는 데 필요한 모든 조건이 제대로 갖춰지지 않은
상태에서도 적극적으로 발판을 만드는 데 힘쓰고 행동한다면 조
금씩, 그리고 꾸준히 원하는 목표에 다가갈 수 있을 것이다.

오늘을 살아라

'어제를 후회하고 내일을 걱정한다.' 삶을 마주하는 태도에서 많은 사람이 쉽게 빠질 수 있는 인식상의 함정이다. 오늘을 살아가는 우리는 왜 지나간 어제와 아직 오지 않은 미래를 걱정하는가? 오늘에 충실하라. 어제 때문에 후회하지 말고 내일을 위해 장밋빛 꿈을 품어라.

아침 식사 시간이 지났을 무렵, 한 사내가 많은 사람으로부터 존경받는 현자가 살고 있는 집의 대문을 두드렸다. 자신에게 흔쾌히 문을 열어준 현자를 향해 사내는 자신이 그동안 품고 있던 삶에 대한 온갖 의혹을 다짜고짜 쏟아내기 시작했다. 그렇게 수십 분 동안 사내의 이야기를 들어주던 현자가 갑자기 손을 들었다. 그 모습을 본 사내는 지혜로운 답을 들을 수 있다는 생각에 냉큼 입을 다물었다.

"자네, 아침은 먹었는가?"

그 말에 사내는 고개를 끄덕였다.

"그럼 아침 먹은 설거지는 했나?"

이번에도 사내는 고개를 끄덕이며 입을 열려고 했다.

그러나 현자가 사내의 입이 떨어지기도 전에 재빨리 질문을 던졌다.

"그럼 그릇은 다 말렸나?"

"예, 예. 물론입니다. 그건 그렇고 이제 제게 답을 들려주십시오."

"이미 답을 얻은 것 같군." 말을 마친 현자가 사내에게 그만 돌아가 달라며 문 밖까지 배웅했다.

그로부터 며칠 뒤, 사내는 현자가 말한 '답'이 무엇인지 문득 깨달았다. 그것은 바로 과거의 기쁨 또는 번뇌를 모두 버리고 눈앞의 현재에 최선을 다해 충실하라는 가르침이었다. 왜냐면 유한한 인생을 살아가는 인간이기에 오늘이 가장 중요한 순간이기 때문이다.

한 스님이 가을이면 매일 사찰 뒤뜰에 쌓이는 낙엽을 치우는 소임을 맡았다. 이른 새벽부터 일어나서 수북이 쌓인 낙엽을 치우는 건 꽤나 고달픈 일이다. 게다가 날마다 낙엽을 쓸어도 그 다음날이면 어김없이 낙엽이 쌓여 있었다. 날마다 뻘뻘 땀을 흘리며 몇 시간씩 낙엽을 쓰는 일에 싫증이 난 스님이 좀 더 편하게 지낼 방도를 찾기로 결심했다.

얼마 뒤 스님은 다른 스님으로부터 귀가 번쩍 뜨일 만한 아이디어를 듣게 됐다. "내일 새벽, 낙엽을 쓸기 전에 나무를 있는 힘껏 흔들어 보십시오. 나뭇잎이 모두 떨어지면 그 다음날에 낙엽을 치우지 않아도 될 테니 말입니다." 나름 일리가 있다고 판단한 스님은 이튿날 새벽부터 일어나서 나무를 열심히 흔들었다. 오늘만 청소하면 내일부터는 청소하지 않아도 된다는 생각에 힘든 줄도 몰랐다.

이튿날 평소처럼 일어나서 뒤뜰로 향한 스님은 눈앞에 벌어진 풍경에 자신도 모르게 맥이 풀리고 말았다. 왜냐면 그곳에는 어제처럼 낙엽이 수북이 쌓여 있었기 때문이다.

얼빠진 표정의 스님 곁에 주지 스님이 조용히 다가와 입을 열었다. "쯧쯧, 어리석기는……. 오늘 아무리 노력해도 낙엽이 내일 또다시 떨어질 것임을 어찌 알지 못한단 말이냐?"

그제야 그는 세상에는 미리 앞당길 수 없는 일이 많다는 사실을 깨달았다. 현재에 충실한 것이 가장 성실한 자세로 삶을 마주하는 방법이다. 세상은 우리가 예측할 수 없을 만큼 변화무쌍하다. 그런 곳에서 유일하게 변하지 않는 것이 있다면 그것은 바로 '변화'다. 그러니 아직 다가오지도 않은 내일에 대한 걱정과 근심으로 오늘을 허비하지 마라.

현재에 충실하면 부담을 내려놓은 채 현재를 만끽할 수 있다. 그래야 한 치의 후회도 없는 삶을 누릴 수 있다.

젊은 스님이 오랫동안 수행한 고승을 따라 탁발에 나섰다. 마을로 향하는 길 내내 젊은 스님은 고승이 들려준 이야기를 들으며 삶에 대한 그의 심오한 가르침에 감탄을 금치 못했다. 그러다가 꽤 깊은 냇가에 도착한 두 사람 앞에 난처한 표정의 여인이 모습을 드러냈다. 강물이 생각보다 깊은 터라 여인은 차마 발을 담글 용기가 나지 않는 것 같았다. 그 모습을 지켜보던 고승이 여인에게 다가가, 자신이 등에 업고 건너가 주겠다고 제의했다. 망설이던 여인은 고승의 등에 업혀 무사히 강을 건널 수 있었다.

한편 두 사람의 모습을 바라보던 젊은 스님은 토끼 눈을 한 채 아무 말도 하지 못하고 땀만 뻘뻘 흘렸다. 여인이 난처한 상황에 처하기는 했지만 그렇다고 해서 부처님을 모시는 몸으로 어찌 여인을 가까이 할 수 있느냐는 반발심이 들었던 것이다. 하지만 자신이 스승처럼 모시는 고승에게 차마 그런 말을 할 수 없었기에 입을 꾹 닫은 채 십릿길을 걸었다. 젊은 스님은 다시 십릿길을 더 걸은 후에도 의문이 풀리지 않았지만, 이번에도 입을 열지 못하고 십릿길을 또다시 걸었다. 그렇게 삼십 리에 달하는 길을 묵묵히 걷던 젊은 스님이 더 이상 참지 못하고 고승을 향해 입을 열었다.

"스님, 저는 아무리 생각해도 모르겠습니다. 부처님을 모시는 몸으로 어찌 여인을, 그것도 직접 등에 업고 강을 건널 수 있단 말입니까?"

"나는 여인을 등에 업고 강을 건넌 뒤에 내려놓았건만, 넌 여인을 삼십 리 동안 등에 업고 온 것도 모자라 아직도 내려놓지 못하고 있구나."

오늘을 산다는 것은 오늘 무엇을 하느냐에 집중한다는 뜻이다. 현재를 소중히 여기면서 다가올 미래에 대비하는 것이다.

천리마라고 불리는 명마가 자신의 가치를 알아줄 '백락(伯樂)'이 나타나기만을 손꼽아 기다렸다.

그런 말에게 상인이 다가와 입을 열었다. "나와 함께 가겠느냐?"

"싫소, 천리마라고 불리는 내가 겨우 짐이나 싣고 다녀야겠소?"

그러자 이번에는 병사가 말을 찾았다. "나와 함께 가겠느냐?"

"천리마인 내가 일개 병사를 태우고 다녀야겠소?"

이번에는 사냥꾼이 찾아와 같이 가자고 제의했다.

"천리마인 내가 겨우 짐승이나 잡으려고 죽기 살기로 뛰어야겠소? 싫소!"

그렇게 하루 이틀, 한 해 두 해를 넘기도록 말은 자신이 원하는 주인을 만나지 못했다.

어느 날, 한 대신이 황명을 받고 먼 곳을 가야 한다는 소식에 말은 한달음에 달려가 자신이 기꺼이 나서겠다고 이야기를 꺼냈다.

"나라를 위해 선뜻 큰일을 해주겠다니 고맙구나. 그런데 변경으로 향하는 길목을 다 알고 있느냐?" 고개를 젓는 말에게 대신은 또다시 질문을 던졌다.

"그럼 전쟁터에 가 보거나, 전투를 치른 적이 있더냐?"

이번에도 천리마가 고개를 젓자, 대신이 실망한 듯 말했다.

"흐음, 그런 적도 없다면 넌 무슨 능력이 있느냐?"

낮에는 천 리, 밤에는 팔백 리를 족히 달릴 수 있다는 말의 이야기에 대신은 시험 삼아 주변을 달려보라고 했다.

하지만 말은 미처 몇 바퀴도 돌기 전에 숨이 턱까지 차고, 온몸에는 땀이 줄줄 흘렀다.

"이런 너무 늦었구나, 아무래도 안 될 것 같다!" 말을 마친 대신은 뒤도 돌아보지 않고 자리를 떠났다.

천리마는 과거의 영광에 사로잡혀 장밋빛 미래를 꿈꿨지만 오늘을 소중하게 여기지 않았다. 과거의 영광이 빛바랜 추억으로 변했다는 사실을 그는 알지 못했다. 아무리 과거에 잘 나갔다고 해도 지금 무엇을 하느냐가 더 중요한 법이다. 요컨대 오늘에 충실한 것이 곧 미래를 대비하는 것이다. 그러니 스스로 후회할 일을 하지 말아야 한다.

● OPEN YOUR EYES ●

어쩌면 삶의 의미는 삶의 종착지를 향해 걸으며 길가에 피어난 아름다운 꽃이 선사하는 향긋한 냄새를 맡는 것과 같을지도 모른다. 어제는 과거이고, 내일은 아직 알 수 없다. '오늘'만이 하늘이 우리에게 선사한 최고의 선물이다.

삶을 바꾸는 적극적 근심

'근심 걱정 속에서 살고, 편안하게 죽어야 한다'는 말의 진정한 의미를 많은 사람이 제대로 이해하지 못한다. '적극적 근심'은 우리의 삶을 더욱 아름답게 만들어 삶의 질을 바꿀 수 있다.

근심과 걱정을 올바르게 이용하고 제거하면 심신 건강에 도움이 된다고 한다.

근심에는 '적극적 근심'과 '소극적 근심'이 있다. '적극적 근심'은 위험이 일어날 것을 예측해서 생겨난 필수적인 심리적 준비 상태를 가리킨다. 이를테면 우리에게 위험의 발생을 사전에 경고하거나, 사전에 적절한 예방 조치를 하도록 독려하는 것이다. 이에 반해 '소극적 근심'은 일종의 파괴적인 심리 상태에 해당한다. 위험이 일어날 것이라고 사전에 경고하지만 말에 그칠 뿐, 예방 조치를 하도록 독려하지 않는다. 오히려 위험이 다가올 것이라는 '심리적 공황 상태'에 빠뜨려 심신의 건강을 해치는 피해를 입힐 수도 있다.

근심에서 벗어날 수 있는 심리학의 세 가지 '괴짜 해결책'을 소개한다.

첫째, 이 보 전진을 위한 일 보 후퇴 작전

쉽게 말하면 매일 특정 시간대를 골라, 그 시간에만 걱정하는 것이다. 전문가들은 특정 시간 동안 집중적으로 걱정하면 근심을 더욱 쉽게 제거할 수 있다고 주장한다. 이를 위해 심리학자들은 다음의 방법을 제시한다.

1. 평소 상상, 휴식, 주의력 분산 등의 방법을 통해 근심거리를 원천적으로 차단하고, 자신에게 걱정해도 되는 시간을 얻게 될 거라고 알려준다.
2. 걱정하는 데 드는 시간은 매일 30분이 가장 적당하다.
3. 근심하는 데만 집중할 수 있는 나만의 공간을 찾아라. 평소 생활하는 공간이 아닌 '근심을 위한 공간'을 만드는 것이다. 생활 공간과 근심을 위한 공간을 구분하지 않으면 일상생활 곳곳에서 근심하기 쉽다. 그리고 자기 전에는 절대로 근심하지 마라.
4. 충분히 걱정해라. 근심하는 시간에는 여유롭게, 그리고 최선을 다해 걱정해라. 그래야 걱정에 사로잡히지 않고 조금씩 근심에서 벗어날 수 있다.

둘째, 관점 전환법

정신건강 전문가들은 객관적 사물 또는 상황을 파악하고 평가할 때, 다양한 관점에서 문제를 바라보라고 충고한다. 고정된 관점에서 문제를 바라보면 소극적인 정서를 경험하기 쉽다. 하지만 또 다른 관점에서 문제를 바라보면 적극적인 의미를 발견해서 소극적 정서에서 적극적 정서로의 변화를 꾀할 수 있다는 것이다.

한 마을에 우산을 파는 큰아들과 염전에서 일하는 작은아들을 둔 어머니가 살았다.

어머니는 아들들이 잘되기를 바라는 마음에 거의 날마다 걱정에 사로잡힌 채 살아야 했다. 맑은 날이 며칠 동안 계속되면 큰아들이 우산을 팔지 못할까 봐 걱정했고, 흐린 날이 계속 이어지면 작은아들이 염전에서 소금을 말리지 못할까 봐 걱정했다. 그렇게 하루도 쉬지 않고 아들들을 걱정하던 어머니는 급기야 몸져눕고 말았다. 자신들 때문에 마음고생이 심한 어머니를 보며 아들들 역시 난감한 표정을 지었다.

그때 마침 마을을 찾은 한 현자가 어머니에 관한 소문을 듣고 문을 두드렸다. "맑은 날에는 소금이 잘 마를 테니 작은아들 장사가 잘될 테고, 비가 오는 날에는 우산 파는 큰아들 가게에 손님이 붐비지 않겠습니까? 그리 생각하시면 마음속 근심 걱정이 모두 사라질 겁니다." 그 충고대로 어머니는 걱정하는 대신 상황을 좋게 받아들이려 애썼다. 그 결과 근심 걱정이 사라진 것은 물론, 심신을 괴롭히던

병도 씻은 듯 말끔히 사라졌다.

셋째, 미소 짓기

얼굴에서 어두운 그림자를 없애라. 마음속의 근심 걱정과 작별해라. 그러기 위해서는 다음 방법대로 시도해보자. 먼저 마음을 차분히 가라앉힌 뒤에 입꼬리를 최대한 위로 올려 보자. 그러고는 최대한 오랫동안 그 상태를 유지하는 것이다. 1초, 5초, 30초…… 됐다! 방금 전까지 가슴 한쪽이 먹먹해질 정도로 무겁고 우울했더라도 상관없다. 온종일 축 처진 채 한숨을 쉬는 것보다 지금의 모습이 한결 즐거워 보일 것이다.

'소극적 근심'을 없애고 일상생활 속에 숨어 있는 '적극적 근심'이 우리에게 가져다주는 영향력에 대해 다시 생각해보자.

마이크로소프트사의 CEO 빌 게이츠(Bill Gates)는 MS의 모든 직원이 회사가 3개월 안에 망할 것이라는 위기의식을 가져야 한다고 말했다.

쓸데없는 걱정처럼 보이지만 사실 그렇지 않다. 빌 게이츠는 모든 직원에게 위기의식을 갖고 항상 지금보다 더 나아지기 위해 노력할 것을 주문했던 것이다.

국가와 개인에 이르기까지 우리는 모두 '소극적 근심'을 버리되 '적극적 근심'을 지니고 있어야 한다. 자신에게도 위험이 닥칠 수 있다는 위기의식이 있어야 미리 대비하고 위기 앞에서도 침착할 수 있다. 또한 당신의 삶 역시 자신도 모르는 사이에 서서히 바뀔 수 있다.

···07···

열등감의 선물

열등감에 사로잡힌 사람은 자신의 삶을 주재할 '뚝심'이 없다고 말하는 사람들이 있다. 하지만 적당한 열등감이 때로는 근거 없는 자신감보다 효과적이다. 그 덕분에 우리는 보다 냉정하게 판단할 수 있고, 다른 사람보다 한발 재빠르게 달려갈 수 있다.

어느 날, 수피의 현자 나스레딘(Nasreddin)이 성인(聖人)이라 불리는 오쇼를 향해 허겁지겁 달려가더니 다급한 목소리로 입을 열었다.

"제, 제발 저를 도와주십시오!"

"대체 무슨 일인가?"

"아무래도 문제가 심각합니다. 갑자기 자신감이 사라졌습니다. 맙소사, 이제 전 어찌 해야 될까요?"

"자네는 언제나 자신감 넘치는 사람 아니었던가? 대체 무슨 일 때문에 갑자기 변한 건가?"

"다른 사람들도 저처럼 모두 똑똑하다는 것을 깨달았습니다!"

언제나 남보다 한발 앞서 보이는 사람들이 있다. 하지만 이상하게도 그들 역시 열등감을 느낀다. 대체 그 이유가 무엇일까? 열등감이 생기는 원인은 크게 세 가지로 나눌 수 있다.

첫째, 자신의 단점을 다른 사람의 장점과 비교한다. 수영에서 금메달을 땄지만 배구는 전혀 못하는 사람이 배구에서 금메달을 딴 선수와 배구 시합을 벌인다면 질 것이 뻔하다. 하지만 많은 사람이 이러한 사실을 깨닫지 못하고 무리하게 행동하다가 결국 자신감을 잃고 위축된다.

둘째, 스스로 부족하다고 생각하는 자신을 그럴듯해 보이는 다른 사람과 비교한다. 누구나 성공이라는 꽃의 아름다움을 입이 마르도록 칭찬하지만, 그 꽃을 피우기 위해 몇 날 며칠 동안 뜨거운 햇살과 비바람을 견뎌야 한다는 것은 알지 못한다. 실제로 강해 보이지만 자신을 종종 보잘것없는 존재로 여기는 사람도 있다. 다른 사람의 성공이나 성과만 바라볼 뿐 정작 그 사람의 약점이나 어두운 면을 놓치는 경우도 적지 않다. 객관적이지도 못한 채, 하늘 아래 무작정 자신만 못났다고 생각하는 것은 패자의 핑계일 뿐이다.

셋째, 자신의 부족한 점에만 집착한 나머지 자신의 장점을 이해하지 못한다. 한 여교사는 일과 가정에서 성공했을 뿐만 아니라, 빼어난 외모로 언제나 화제의 중심에 서곤 했다. 하지만 심한 열등감에 사로잡힌 여교사는 출근하기를 두려워할 정도로 불안에 시달리곤 했다. 뛰어난 조건을 갖춘 그녀를 사람들은 모두 부러워했지만 정작 여교사 자신은 자신의 장점을 깨닫지 못했다. 이러한 상황이 반복되면서 여교사는 점점 열등감에 시달리다가 급기야 외부와의 접촉을 차단해 버리고 말았다.

심리학에서는 열등감이 마음의 '경각심'이자 창조의 원천과 동력이라고 말한다. 열등감이 우리를 보다 성숙하고 우월하면서도 완벽한 존재로 만들어 준다는 것이다.

중국 최대 교육 기업인 신둥팡(新東方) 그룹의 창립자인 위민홍(俞敏洪)은 열등감이 심한 성격을 지녔다. 하지만 그의 이러한 성격은 훗날 사업을 일으키는 데 큰 도움이 됐다.

농촌 출신인 그는 베이징대학교에 입학했다. 내성적인 성격인데다 언변도 좋지 못했던 위민홍은 특히 사투리 때문에 다른 사람 앞에 서면 꿀 먹은 벙어리처럼 언제나 입을 굳게 다물곤 했다.

대학교 3학년 때 위민홍은 폐결핵에 걸렸다. 위민홍은 이 병이 무척 무서운 병이라는 것만 알고 있던 터라 별것 아니라는 의사의 말에도 자신은 죽을 거라고 확신했다. 1년 동안 휴학하면서 치료에 전념한 끝에 목숨은 건졌지만 이 일로 그의 열등감은 더욱 심각한 수준까지 악화되고 말았다. 왜냐면 자신이 폐결핵 환자라는 사실에 크게 좌절했기 때문이다.

위민홍은 베이징대학교에 입학해서 졸업하기까지, 무려 11년간 열등감 속에서 살았다고 고백한 적이 있다. 괴로운 그 시간 동안 그는 두 가지 능력을 얻을 수 있었다. 하나는 주변을 살필 수 있는 능력이었다. 열등감은 상대의 눈치를 보게 만든다. 자기 자신에 대한 믿음이 없기 때문에 다른 사람이 어떻게 생각할지 살피기 급급한 것이다. 그래서 다른 사람의 눈빛이나 동작을 보곤 상대의 심리 상태를 파악할 수 있다. 나중에서야 그는 이러한 자신의 능력이 사람을 관리하는 데 무척 유용하다는 사실을 발견했다. 사람들을 관리하면서 그들이 무엇을 원하는지, 또 직원들과의 관계를 어떻게 발전시켜야 하는지 재빠르게 알아차릴 수 있었다. 베이징대학교에서 11년 동안 보냈던 고된 시간이 그에게 가져다준 첫 번째 선물이었다. 나머지 하나는 자신이 그리 대단한 존재가 아니라는 태도였다.

우리는 누구나 자신감에 쉽게 도취될 수 있다. 왜냐면 사람은 태생적으로 자기 연민과 유아독존의 DNA를 지니고 있기 때문이다. 그래서 자신의 부족함, 불완전함을 이해하고 겸허한 태도를 유지하기란 결코 쉽지 않다.

모기가 사자를 향해 날아가 의기양양하게 외쳤다. "너 따윈 하나도 안 무서워. 나보다 강하지도 않잖아!"

"흥, 기껏해야 우리한테 달라붙어서 피 빨아 먹는 주제에 뭐 그리 잘났다는 거냐!"

그 말에 모기가 사자코를 향해 날아가더니 털이 없는 곳만 골라 물기 시작했다. 화가 난 사자는 모기를 쫓아내려다가 자신의 앞발로 제 얼굴을 퍽 하고 치고 말았다.

사자와의 전쟁에서 승리한 모기는 의기양양하게 날아가다가 거미줄에 걸리고 말았다. 거미한테 먹히기 직전에 모기는 한숨을 쉬며 말했다. "지구에서 가장 강한 사자도 물리친 내가 겨우 거미줄에 걸려 죽게 되다니……."

제아무리 강한 사람에게도 약점이 있다는 이 우화의 결론은 우리에게 지나친 자신감은 자신을 위태롭게 한다고 충고한다. 적당한 열등감은 우리가 자신을 냉정하게 돌아보고 객관적으로 판단할 수 있는 기회를 제공한다.

과도한 열등감은 사람의 용기와 의지를 무너뜨리고 스스로를 망가뜨리게 한다. 그렇다고 무조건 자신을 맹신해서도 안 된다. 근거 없는 자신감은 앞으로 나아갈 수 있는 길을 막고, 발밑을 위태롭게 만든다. 열등감으로 자신의 성격, 지식, 재능에서 부족한 곳을 비추고, 자신감으로 한 치 앞도 알 수 없는 삶에서 출구를 찾는 것만이 삶의 여정을 지나는 가장 이상적인 방법이다.

....
● OPEN YOUR EYES ●
....

열등감은 생명의 물과 같은 존재다. 자신의 단점을 스스로 돌아보게 함으로써 언제나 겸손한 태도를 유지하도록 해 준다. 그 덕분에 생명의 꽃이 더욱 아름답게 오래도록 필 수 있다.

인생에서 너무 늦은 때란 없다

실패나 좌절의 벽을 넘지 못하고 모든 것을 포기한 채 어영부영 사는 것만큼
어리석고 안타까운 일은 없을 것이다. 하지만 우리 주변에는 실제로 그렇게
사는 사람이 적지 않다. 배워야 할 때, 배울 수 있을 때 기회를 놓친다면 성공
의 희망 또한 모두 사라지는 것일까? 그렇지 않다. 앞으로 나아가겠다고 결심
하는 순간, 무엇을 하든 결코 늦은 때란 없다.

미국 뉴욕 주의 농촌 가정에서 태어난 안나 매리 로버트슨 모제스
(Anna Mary Robertson Moses)는 스물일곱 살에 농장에서 일하던 일꾼
에게 시집간 뒤 열한 명의 아이를 낳았다. 그때부터 모제스는 자신
의 모든 시간을 아이들을 위해 쓰며 명실상부한 가정주부로서의 삶
을 보냈다. 가족들을 돌보기 위해 모제스는 자신의 청춘을 보낸 것
은 물론, 취미와 원하는 삶을 포기하며 살아야 했다. 그렇게 수십 년
동안 그녀는 거의 문 밖을 나가지 않은 채 오로지 빨래, 식사, 농장
일만 반복하는 단조로운 삶을 살아야 했다. 어느 덧 40여 년의 시간
이 흐르고 67세의 할머니가 된 모제스는 사고로 남편을 먼저 떠나
보낸 뒤 막내아들과 함께 살게 됐다.

집안의 경제를 담당했던 남편을 떠나보낸 모제스는 며느리로부

터 온갖 구박을 받게 되었다. 특히 류머티즘을 앓고 있었던 탓에 일할 수 없던 모제스를 며느리는 어떻게 해서든 쫓아내려 했다. 자신을 바라보는 며느리의 짜증나는 눈빛을 떠올리며 모제스는 혼자 힘으로 살겠다고 결심하고는 과감하게 붓을 들었다.

모제스는 화가가 되는 것이 평생소원이었지만 넉넉지 않은 가정 형편 탓에 꿈을 포기해야 했고, 중년이 되어서는 아이들과 가정 때문에 붓을 내려놔야 했다. 그리고 이제 일흔이라는 나이가 되어서야 아무런 부담 없이 캔버스 앞에 설 수 있었다.

전문 회화용 붓이 없었던 모제스는 페인트칠할 때 쓰는 솔을 들었다. 캔버스를 살 돈이 없어 복도와 주방 바닥에 그림을 그리기도 했다. 마땅한 소재를 구하지 못해 들판과 언덕을 오가며 대자연의 풍광을 소재로 삼았다. 하루도 빠지지 않고 그림을 그린 지 어언 5년 만에 모제스는 〈농장·가을〉이라는 작품을 세상에 선보였다. 이 작품이 세상에 알려지면서 모제스는 많은 사람으로부터 주목을 받았다. 그후 그랜드마 모제스(Grandma Moses)라는 이름이 뉴욕 미술계에 널리 퍼지면서, 그녀의 작품이 유명한 잡지에 실리기 시작했다. 얼마 뒤, 모제스의 작품은 프랑스로 건너가더니 100만 달러라는 거액을 받고 루브르궁 근대 미술관에 팔리기도 했다. 푸시킨 미술관에서 모제스 작품전을 개최했을 때 참관자 수만 무려 11만 명에 달했다.

102세가 되기 전까지 조지 도슨(George Dawson)은 우리 주변에서 흔히 볼 수 있는 평범한 사람이었다. 아흔 살이 되던 해, 조지 도슨은 그동안 자신이 헛살았다는 것을 깨닫고는 죽기 전에 뭔가를 남기기로 마음먹었다.

그래서 일단 노인을 위한 글자 교실에 들어가서 글자를 배우며 문화와 지식을 흡수하기 시작했다. 조지 도슨은 글을 깨친 뒤로 글 짓는 일에 큰 매력을 느껴 좋은 글을 쓰기 위해 많은 노력을 기울였다. 그리고 마침내 102세 되던 해에 처녀작인 《인생은 아름다워(Life is So Good)》를 완성했다.

이 책은 출간되자마자 세상으로부터 큰 주목을 받으며 당시 미국 서점가에서 돌풍을 일으켰다. 이로써 조지 도슨은 이름 없는 평범한 노인에서 사람들이 열광하는 인기 작가로 우뚝 섰다.

사람의 운명은 당사자의 손에 쥐어져 있다. 어떤 사람이 되고 싶은가? 어떤 삶을 영위하며 무엇을 변화시키고 또 무엇을 고수할 것인가? 언제 변할 것인가? 이 모든 물음의 답은 당신에게 달렸다. 스스로 가치 있는 사람이 되겠다고 결심하는 순간, 늦은 출발이란 존재하지 않는다.

성공한 사람들이 성공하는 이유는 뜬구름을 잡는 것이 아니라 실제 행동하는 데 더 많은 시간을 쏟아붓고, 더욱 정성을 들이기 때문이다. 바로 그 때문에 합당한 보상을 받을 수 있다. 괄목할 만한 성과를 내고 싶거든 그에 맞는 강도로 자신을 채찍질해야 한다.

실천 정신을 기르려면 생각부터 고쳐먹어야 한다. 보다 효과적으로 질문하고 현실적인 해답과 해결책을 찾아야 한다. 당신의 행동을 자극해줄 만한 효과적인 방법을 다음에 소개해보겠다.

첫째, 5분 동안 무엇을 할 수 있을까?

상당한 파괴력을 지닌 이 질문을 자신에게 종종 해보도록 하자. 위의 질문에 답하려면 일단 머리를 깨끗이 비운 뒤에 자신이 무엇을 할 수 있을지 냉정하게 고민해 봐야 한다. 그다음에는 하고 싶은 일을 쉽게 달성할 수 있는 방법부터 차근차근 따져보자. 이 과정에서는 하고 싶은 일이 당신을 움직일 만큼 충분히 자극적이어야 한다는 점이 무엇보다 가장 중요하다. 예를 들어 당신의 목표가 책을 쓰는 것이라고 가정해보자. 당신은 책의 첫 장을 부지런히 채우는 중이다. 사실 세상에 한 번에 이루어지는 일은 없다. 제아무리 위대한 업적도 오랜 시간에 걸쳐 조금씩 쌓이고 쌓이면서 이뤄진 것이다. 로마는 하룻밤 사이에 세워지지 않았다는 말처럼, 우선 지금의 모든 에너지를 당장 할 수 있는 일에 쏟아 부어라. 전화를 거는 단순한 일이라도 상관없다. 중요한 것은 당신이 행동했다는 사실이다. 행동한다고 해서 원하는 것이 모두 이루어지는 것은 아니지만 행동하지 않으면 제아무리 멋진 생각도 공상에 그칠 뿐이다.

둘째, 나는 어떤 꿈을 이루고 싶은가?
그 목표를 어떻게 달성할 것인가?

자신이 성취하고 싶은 일이 무엇이며 그것을 어떻게 이뤄야 할지 항상 자신에게 상기시켜라. 꿈과 목표가 당신을 더 높은 곳으로 이끌 것이다. 원하는 것을 얻었는데도 기분이 좋아지거나 심장이 두근거리는 느낌이 없다면 그것은 당신이 진정으로 원하는 것이 아닐지도 모른다. 그렇다면 새로운 목표를 세워야 할 것이다. 추구하는 목표와 꿈은 반드시 당신의 가슴을 두근거리게 만든다. 대부분의 사람이 해야 할 일을 차일피일 미루는 경향이 있는데, 행동에 따른 감동과 자극을 제대로 느끼지 못했기 때문이다. 이상은 현실과 다르지만 둘 사이에는 분명한 인과관계가 존재한다. 성공하고 싶다면 동원 가능한 모든 적극적인 요소를 외면하지 말고 기꺼이 받아들여야 한다.

셋째, 왜 지금 해야 하는가?

뭔가를 하는 이유는 행동의 원천이 된다. 금연하겠다면서 담배를 끊지 못한다면 이렇게 하겠다는 강력한 심리적 동기가 부족하기 때문이다. 그러다가 건강에 심각한 문제가 있다는 진단을 받아야만 그제야 담배를 끊게 된다. 행동하지 않아 심각한 결과가 나타나면 이성은 비로소 강력한 의지를 갖게 되어 자신이 어떤 일을 완성해야 하는 진정한 이유를 손쉽게 찾아낸다. 자신이 인정한 일을 지금 시작해 끝까지 해내도록 독려하는 것이다. 타성은 인류의 부정적인 천성으로, 이를 극복할 수 있는 효과적인 방법을 찾아야 한다.

넷째, 지금 하지 않으면 어떻게 할 것인가?

게으르게 차일피일 미루기만 하는 대신 앞을 향해 자신을 몰아붙여 즉시 행동하고 눈앞에 펼쳐진 상황에 대처해야 한다. 지금 무언가를 하지 않으면 어떤 결과가 생겨날지 자신에게 물어보라. 끔찍한 결과가 머릿속에 떠오를 것이다. 이를테면 수중의 돈을 관리하는 방법을 배우지 않으면 나중에 돈이 없어 쩔쩔매는 곤란한 상황이 펼쳐질 수 있다. 지금 열심히 일하지 않으면 사회적으로 낙오되는 것은 물론, 심지어 생계를 위협받을 수도 있다. 그래서 지금 행동하지 않으면, 지금 변하지 않으면 아무리 오랜 시간이 흘러도 지금의 자신에서 벗어날 수 없다. 현실에 안주한 채 될 대로 되라는 식이라면 자신의 삶을 바꿀 수 없을 게 뻔하다.

다섯째, 성공은 복제할 수 없지만 참고할 수도 없는 것일까?

위의 질문과 반대로 자신을 뒤돌아보는 방법을 통해 과거의 성과를 동력 삼아 지금의 자신을 채찍질해라. 지금까지의 성과를 어떻게 얻었는지 생각해보라. 지금 행동하면 새로운 목표를 실현하고 과거의 영광을 재현할 수 있다고 상상해보라. 이는 어떠한 행동에 따른 결과인가? 전화를 걸어 거래를 성사시키면 원하는 것을 살 수 있을 만큼 돈을 벌 수도 있고, 책을 출간하면 돈과 명예를 다 쥘 수도 있다. 성공은 복제할 수 없지만 자유롭게 참고하는 데는 아무런 문제도 없다. 행동과 그에 따른 결과 사이에는 반드시 인과관계가 존재한다.

어떤 행동을 하면 목표를 실현할 수 있을지 스스로에게 물어보라. 그 물음에 대한 대답이 긍정적이든 부정적이든 간에 자신을 행동할 수 있도록 독려할 수 있다면 기꺼이 받아들여야 할 것이다.

여섯째, 나는 오늘 무엇을 했는가?

지금의 자신에게 물어보라. 아무것도 하지 않았다면 내심 부끄러운 마음이 들 것이다. 이미 행동을 했다면 그것에 만족할 수 있을 것이다. 성공한 인물은 언제든지 자신에게 오늘 무엇을 했는지 묻는다. 뭔가를 이루고 싶다면 반드시 해야 할 일을 하고, 마땅히 해야 할 의무를 다해라. 자신의 꿈 또는 목표에 조금 더 다가갈 수 있는 일을 오늘 했는가, 아니면 아무것도 하지 않은 채 하루를 허비했는가?

일곱째, 당신의 롤모델은 어떤 행동을 할 것인가?

행동해야 할지 말지 망설일 때 당신의 마음속 '영웅'은 무슨 일을 어떻게 할까? 하고 생각해 보라. 이를테면 빌 게이츠는 어떻게 행동할까? 워런 버핏(Warren Buffett)은 또 무엇을 선택할 것인가? 그리고 당신이라면 어떻게 할 것인가? 위대한 인물들이 컴퓨터 게임이나 TV를 보는 데 시간을 낭비하지 않는다는 것만은 분명하다. 그들은 자신의 '해피엔딩'을 위해 현실과 맞서 싸웠다.

위의 질문들을 통해 효과적으로 행동하는 방법을 찾기 바란다. 자신에게 진지하게 묻고 성실하게 답해야 비로소 스스로 행동할 심

리적 동력을 계발할 수 있다. 기억하라, 행동하는 습관을 기르려면
부지런히 움직이도록 자신을 날마다 채찍질해야 한다. 필요하다고
느끼는 순간에 위의 질문들을 자신에게 던져보라.

● OPEN YOUR EYES ●

인간의 삶은 짧다. 언제 죽을지 우리 스스로 결정할 수는 없지만
삶의 영역을 확장할 수는 있다. 행동하는 습관을 기른다면 언제
시작해도 늦지 않을 것이다.

···**09**···

비워야 채울 수 있다

사람들은 성공, 명예, 행복, 즐거움 이 모든 것을 반드시 손에 넣어야 한다고 믿지만 이는 많은 사람이 쉽게 빠질 수 있는 함정일 뿐이다. 우리에게는 제한 된 경험과 시간이 제공된다. 여러 개의 보기 중에서 무엇을 선택할 것인지 스스로 판단해야 한다. 그 과정에서 겪게 되는 좌절, 포기, 실패, 불행, 고통 모두 피할 수 없다. 그러므로 무엇을 선택하고 무엇을 버릴지 스스로 진지하게 고민해야 한다. 그래야만 자신이 원하는 것을 손에 거머쥘 수 있다.

야심만만한 한 젊은이가 무슨 일이든 남보다 한발 앞서고 싶다며 의지를 불태웠다. 특히 학문에 남다른 뜻을 품고 있던 그는 뛰어난 학자로 명성을 날리고 싶어 했지만, 꽤 오랜 시간이 지나도록 이렇다 할 만한 성과를 내지 못했다. 다른 분야에서 주변의 부러움을 사는 것과는 대조적으로, 학업에서 아무런 성과도 내지 못한다는 사실에 초조해진 청년이 현자에게 도움을 청했다.

"우리 등산이나 가지. 산 위에 오르면 어떻게 문제를 해결해야 할지 알게 될 걸세."

산 정상으로 향하는 길에는 반짝거리는 돌이 곳곳에 자리잡고 있었다. 청년이 마음에 드는 돌을 볼 때마다 탄성을 지르자, 현자는 그 돌을 가방에 넣으라고 했다. 얼마나 올랐을까, 청년의 가방은 크고 작은 돌로 빵빵하게 채워져 있었다.

"위대한 현자시여! 지금 상태라면 산 정상은 둘째 치고 당장 발걸음도 떼기 어렵습니다." 자신을 의심적은 눈빛으로 바라보는 청년을 향해 현자가 빙그레 미소 지었다. "그렇다면 내려놔야지. 그 무거운 걸 등에 지고 어찌 산에 오르려 했나?"

그 말에 줄곧 침울한 표정을 짓고 있던 청년의 얼굴에 환한 미소가 떠올랐다. 청년은 고맙다는 인사를 하곤 모습을 감췄다. 얼마 뒤, 학문을 닦는 데 정진한 청년이 괄목할 만한 성과를 올리고 있다는 소식이 전해졌다.

이처럼 하나를 얻으려면 반드시 하나를 버려야 한다. 잘 비울 줄 알아야 삶의 최고봉에 오를 수 있는 법이다!

비울 줄 알아야 가뿐한 발걸음으로 삶의 여정을 걸을 수 있고, 원하는 것을 얻을 수 있다. 축영대는 세상의 부귀영화를 버리고 한 마리 나비가 되었기에 죽음도 가르지 못한 영원한 사랑을 얻을 수 있었다. 월왕(越王) 구천(句踐)이 오왕(吳王) 부차(夫差)에게 패한 뒤 군왕의 존엄을 내려놓고 10년 동안 와신상담(臥薪嘗膽)했기에 결국 천하의 가장 높은 자리에 다시 오를 수 있었다. 손에 쥔 것, 또는 등에 짊어진 것을 잠시 내려놓는 것은 비겁한 것이 아니라 현명한 결단이다. 이를 통해 우리는 나 자신을 한층 객관적으로 바라볼 수 있고, 자신의 잘잘못을 되짚어보며 번뇌에서 벗어나 피폐해진 심신을 바로 세울 수 있다.

하나의 물줄기에서 흘러나온 두 개의 강이 서로를 마주보며 바다를 향해 유유히 흘러가고 있었다. 산골짜기를 거쳐 사막에 당도한 두 강은 어떻게 해야 할지 머리를 맞댔다. "난 바다를 꼭 보고 싶어, 그러니 사막을 통과해야 한다고 생각해." 그 이야기에 맞은편의 강이 조심스레 입을 열었다. "돌아가서 다른 기회를 찾아보는 게 좋을 것 같아. 아무런 대책도 없이 흘러만 가다가는 사막 한가운데서 말라버릴 수 있다고." 바다를 보고 싶다던 강은 자신의 생각대로 사막을 흘러가다가 결국 말라버리고 말았다. 처음 출발했던 원류로 돌아간 나머지 강은 다른 기회를 모색하다가 결국 바다로 나아가는 데 성공했다.

성공으로 통하는 길은 다양하다. 그렇기 때문에 무조건 한 가지 길만 고집할 필요는 없다. 넘을 수 없는 벽에 부딪히면 때로 돌아갈 줄도 아는 지혜가 필요한 법이다. 집착이 때론 실패를 낳기도 하고, 포기가 때론 성공으로 이끌어 주기도 한다. 그렇다면 길고 긴 인생에서 우리는 언제 집착해야 하고, 또 언제 포기할 줄 알아야 하는가?

실패를 가져온 결과가 해결될 수 없는 모순 때문이라면 가장 효과적인 방법은 문제를 피해 새로운 환경에서 처음부터 다시 시작하는 것이다.

동한(東漢) 말년, 명의 화타(華陀)에 관한 미담이 여러 곳에서 퍼지면서 조정에서 급기야 화타를 '효렴(孝廉)'으로 천거하기에 이르렀다. 일반적으로 효렴의 자리에 오른 인물들은 하나같이 명문 귀족 출신으로, 효렴으로 천거되면 벼슬길에 진출할 가능성이 있다는 것을 의미했다.

효렴으로 천거한다는 소식이 발표됐지만 화타에게는 고향을 떠날 생각이 전혀 없어 보였다. 오죽하면 효렴으로 천거됐다는 소식이 가짜가 아니냐는 소문이 돌기도 했다.

그로부터 몇 년 후 똑같은 상황이 재현됐다. 한 가지 다른 것이 있다면 이름뿐인 '효렴'이 아니라, 도성인 낙양(洛陽)의 태위(太衛)로 임명한다는 정식 공문이었다. 도성의 태위부에 들어가는 즉시 조정의 정식 관리가 된다는 소식에 마을 사람들은 아쉬워하기보다는 화타를 위한 마음에 그를 기꺼이 떠나보낼 준비를 했다.

그러나 화타는 고개를 절레절레 흔들었다. "여러분들의 호의는 고맙게 받겠습니다만, 전 관직에 뜻이 없습니다. 침이나 놓고 약이나 지을 줄 아는 제게 관리는 어울리지 않습니다. 그나마 어디 가서 의술 하나는 뒤지지 않을 정도인데, 어설픈 실력으로 벼슬길을 구할 바에야 아픈 환자나 돌봐줄 이 하나 없는 사람들을 돌보는 게 훨씬 나라 일에 도움이 될 겁니다. 그간 수많은 사람의 목숨을 구했으니, 세상에 이보다 가문의 명성을 빛낼 수 있는 일이 또 어디 있겠습니까?"

화타는 다시 한 번 조정의 부름을 사양하고 평범한 백성의 자리

에서 의술 연구에 매진하며 가난하고 아픈 이들을 돌봤다. 자신의
가치관을 몸소 실천한 화타에 비해 현대 사회에서 살아가는 우리들
은 더 많은 유혹에 직면해 있다. 어떻게 선택하고, 어떻게 포기할 것
인가? 삶에 대한 큰 지혜를 바탕으로 그 질문에 답해야 할 것이다.

● OPEN YOUR EYES ●

현실에 안주하지 않고, 끝까지 포기하지 않겠다고 하는 것은 어
떤 의미에서는 삶을 대하는 진지한 자세이자, 남다른 경지에 도
달했다는 것을 뜻한다. 그러나 그런 태도만이 성공으로 향하는
유일하면서도 정확한 선택은 아니다. 살아가면서 우리는 눈물을
머금고 소중한 것들을 버려야 한다. 모든 것을 가질 수 없기에 잘
버리는 것이 무엇보다 중요하다.

···(10)··· 마음의 짐 내려놓기

많은 사람이 자신도 모르게 무거운 짐을 지고 삶의 여정을 걸어간다. 이는 현대인이 살아가면서 쉽게 맞닥뜨릴 수 있는 함정이다. 짐을 내려놓고 홀가분한 마음으로 걸어라. 그러면 더 빨리, 더 멀리 걸을 수 있다.

인간의 삶이란 결코 녹록치 않다. 많은 사람이 속세에 대한 미련을 버리지 못한 채 죽을 때까지 번뇌의 늪에 빠져 허우적거린다. 인간이 내려놓지 못하는 것은 너무 많은 생각의 짐을 짊어지고, 너무 많은 것에 집착하기 때문이다. 그래서 자유로운 삶을 살려면 무거운 생각의 짐에 사로잡히지 말고 최대한 많이 내려놓을 줄 알아야 한다. 짊어지고 있던 짐, 번뇌를 내려놓아야 비로소 삶을 즐길 수 있고 진정한 삶의 행복을 맛볼 수 있다. 그렇다면 짐을 어떻게 내려놓고, 집착에서 어떻게 벗어날 것인가?

한 고승은 남다른 식견과 출중한 지혜로 중생을 구제한다고 하여 많은 사람으로부터 존경을 받았다. 그래서 사람들은 말 못할 고민이 있을 때면 약속이나 한 듯 고승을 찾아갔다.

어느 날, 커다란 봇짐을 진 청년이 땀을 비 오듯 흘리며 고승을 찾아 깊은 산속에 있는 사원을 찾아왔다. 어찌나 힘든지 숨이 턱까지 차오른 청년이 거친 숨을 내쉬며 마음속의 울분을 토해냈다. "대사님, 너무 외롭고 고독합니다. 제게 삶은 버겁기 짝이 없는 존재입니다. 여태껏 살아오면서 기뻤던 적이 없습니다. 부디 제게 해답을 주십시오."

고승은 청년의 봇짐을 보며 빙그레 미소 지었다. "그 봇짐에 든 것이 무엇이오?"

"여기에는 제가 외로웠을 때 느꼈던 번뇌, 실패했을 때 겪었던 고통이 들어 있습니다. 어디 그뿐이던가요? 세상에 상처를 입을 때마다 흘린 눈물, 삶에 대한 실망과 회한이 담겨 있습니다!"

청년의 대답에 고승은 아무런 대답도 하지 않은 채 조용히 자리에서 일어나더니 청년에게 따라오라는 눈짓을 하며 길을 나섰다. 얼마나 걸었을까? 호숫가에 도착한 두 사람 앞에 조그마한 나룻배가 나타났다. 배를 타고 호수 반대편에 도착하자, 먼저 배에서 내린 고승이 청년을 향해 조용히 입을 열었다. "배를 메고 가시구려." 그 말에 청년이 어리둥절한 표정을 짓더니 무거운 배를 어찌 메고 갈 수 있겠냐고 되물었다.

"그렇소, 그 배를 메고 가지 못한다는 것을 누구도 의심하지 못할 것이오. 우리가 배를 타고 호수를 건널 때 우리에게 배보다 중요한 것은 없었다오. 허나 호수를 건넌 뒤에는 배를 버리고 뭍에 올랐소. 마찬가지로 고독, 외로움, 고통과 눈물 모두 삶의 일부분, 누구도 피할 수 없는 것이오. 허나 때로는 그 때문에 우리의 삶이 더욱 풍요롭게 변하고 깊이를 더하는 법이지. 그렇다고 해서 과거의 불쾌한 기억에 사로잡혀 있다면 그것은 감당하기 어려운 삶의 짐이 될 것이오."

자신의 말에 청년이 입을 굳게 닫은 채 생각에 잠기자, 고승은 계속 이야기를 이어갔다. "깃털보다 가벼운 인간의 삶이 어찌 바위보다 무거운 짐을 짊어질 수 있겠소? 그러니 짐을 내려놓고 가볍게 살아가구려!"

그 이야기에 청년은 환하게 웃으며 감사의 뜻을 전했다. 대사의 가르침으로 청년은 무거운 짐을 내려놓고 가벼운 마음으로 돌아갔다.

인간이 고통스럽게 살아가는 것은 마음의 짐을 내려놓지 못하기 때문이다. 자신을 향한 타인의 시선에 지나치게 휘둘린다면 자신이 원하는 것을 놓칠 수 있다. 마음의 짐을 내려놓아야 자유의 날개를 활짝 펴고 진정으로 자신을 위한 삶의 봄날을 만끽할 수 있다. 그렇다면 살아가면서 어떠한 짐을 내려놓을 것인가?

옳고 그름의 짐

많은 사람이 자신 역시 잘못을 저지를 수 있다는 사실을 깨닫지 못한다. 언제나 자신이 옳기를 바라는 마음은 건전한 인간관계에 커다란 위험이 될 수 있을 뿐만 아니라, 나 자신 또는 타인에게 스트레스와 고통을 가져다줄 수 있다. 곰곰이 따져보라, 어떻게 행동하는 것이 현실적이고, 자신에게 유리한가를…….

자신의 한계에 대한 짐

나는 무엇을 할 수 있고, 또 무엇을 할 수 없는가? 무엇이 가능하고, 또 무엇은 불가능한가? 자신의 능력에 더 이상 고민하지 말고 자신에 대한 인식의 틀에 스스로 갇히지 마라. 날개를 활짝 펴고 가장 높이, 가장 멀리 비상하라!

타인을 향한 원망의 짐

타인, 환경, 사물에 대한 원망을 멈춰라! 당신이 원하기만 한다면 어느 누구도 당신을 불쾌하게 만들 수 없고, 어떠한 환경도 당신을 위태롭게 할 수 없다. 당신이 처한 환경이 당신에게 부정적인 감정을 가져다주는 것이 아니라, 당신 스스로 부정적인 감정을 선택한 것이다. 긍정적인 생각이 지닌 힘을 과소평가하지 마라.

허영심

위선의 가면을 벗어 던지고 당신의 '민낯'을 드러내는 순간, 있는 그대로의 진실을 마주할 수 있을 것이다. 당당히 진실을 마주할 때 사람들의 눈길도 사로잡을 수 있다.

게으름

변화는 좋은 것이다. 변화를 통해 A에서 B로 변할 수 있고, 변화를 통해 당신과 주변 사람들의 삶도 바뀔 수 있다. 당신의 운을 믿고 과감하게 변화를 받아들여라.

집착

집착은 주로 상실에 대한 공포에서 비롯된다. 집착을 내려놓으면 좀 더 여유롭게 삶을 받아들일 수 있다. 삶을 포용하게 되는 순간 자신을 둘러싼 모든 사물, 심지어 아직 경험하지 못한 일마저 이해할 수 있을 것이다.

타인의 잣대에 대한 부담

나 자신이 아니라 타인을 위해 살아가는 사람들이 우리 주변에는 셀 수 없이 많다. 그들은 마음의 소리를 무시한 채 다른 사람을 즐겁게 하는 일에 몰두한다. 타인을 위해 사는 까닭에 삶의 주도권을 스스로 쥐지 못하고 내가 무엇을 좋아하는지, 또 무엇을 원하고 필요로 하는지 모두 잊어버린다. 그러다가 결국 나 자신이라는 존재를 잊어버릴 수 있다. 기억하라, 나는 나만의 삶을 영유해야 한다. 이것은 일종의 권리다. 당신에게만 허락된 삶이니 자신을 위해 살아가라. 타인의 말에 휘둘려 나아가야 할 방향을 찾지 못하는 어리석음을 반드시 피해야 할 것이다.

과거의 아름다운 추억이나 고통스러운 시간도 결국에는 모두 기억의 편린일 뿐이다. 과거에 대한 미련의 끈을 잘라내고 미래를 위해 살아라. 그래야 자신에게 속한 미래를 향해 자신만만하게 걸어갈 수 있다.

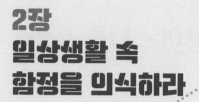

2장
일상생활 속
함정을 의식하라

● 삶이 불만족스러운 것은
최선을 다하지 않았기 때문이다
●

좁은 시야와 타성에 젖은 태도를 버리고 침착하고 당당하게 앞으로 나아가자.

민감하게 반응하는 뇌를 길러라

무의식적으로 행동하는 습관은 일상생활에서 많은 사람에게 어려움을 가져다주는 원인 중 하나다. 또, 고정관념은 우리의 뇌를 둔하게 만든다. 한 가지 문제를 진지하게 고민하면서도 다양한 상황에 재빠르게 대처할 줄 알아야 끊임없이 변하는 현실을 정면으로 마주할 수 있다.

미국 코넬대학교의 칼 웨익(Karl E. Weick) 교수는 다음과 같은 실험을 했다. 탁자 위에 올려둔 유리병의 밑면을 빛이 드는 창가 쪽으로 향하게 한 뒤 마개를 열고 벌 몇 마리를 집어넣었다. 병 안에 들어간 벌들은 빛이 드는 쪽을 향해 출구를 찾아 몰려들었지만 번번이 딱딱한 유리면에 부딪히곤 했다.

셀 수도 없을 만큼 여러 번 도전했지만 벌들은 결국 유리병에서 빠져나가지 못하고 빛이 드는 바닥에 모여 결국 죽음을 맞이했다.

이어서 웨익 교수는 똑같은 실험 환경을 조성한 뒤에 벌이 아닌 파리들을 유리병에 집어넣었다. 아무런 생각도 없는 파리들은 유리병 밑면, 유리병 안 곳곳을 웽웽거리며 날아다녔다. 그러고는 얼마

지나지 않아 한 마리도 남지 않고 모두 열려 있던 병 입구를 찾아 유리병을 탈출하는 데 성공했다.

출구를 찾은 파리와 죽음을 맞이한 꿀벌. 둘의 운명을 가른 것은 무엇이었을까? 그리고 그 운명은 우리에게 무엇을 말하는가? 유리병의 출구가 빛이 들어오는 방향에 있으리라 생각한 불쌍한 꿀벌은 자신의 평소 습관에 따라, 쉬지 않고 '논리적인 행동'을 시도했다. 통과할 수 없는 유리병 밑면을 향해 끊임없이 도전했지만, 결국 탈출하는 데 실패하고 말았다.

이에 반해 파리는 사물의 논리에 얽매이지도 않았고 고정된 습관도 없었다. 대신 다양한 방법을 시도하는 데 열중했다. 한쪽이 막히면 즉시 방향을 바꿔 다른 쪽에서 출구를 찾았다. 결국 '맨땅에 헤딩'하는 방식으로 일일이 직접 도전해보면서 유리병을 탈출할 수 있는 방법을 찾은 것이다.

고정된 환경에서 오랫동안 일하거나 생활하다 보면 우리는 고정된 사고방식을 형성하게 된다. 사람들은 이를 '고정관념'이라고 부른다. 일종의 습관에 속하는 고정관념은 정해진 틀 안에 갇혀 습관적으로 사물을 관찰하고 사고하는 것을 가리킨다. 정도의 차이는 있지만 우리는 저마다의 습관과 고정관념에 따라 행동한다.

머나먼 바닷가에 평생 늙지 않게 해주는 '장수석(長壽石)'이 있다는 소문을 들은 한 청년이 전설 속 신비의 돌을 찾기 위해 여정에 올랐다. 갖은 고생 끝에 소문의 바닷가에 도착한 청년의 눈에 광활한 바다와 함께 수많은 자갈이 어지럽게 흩어진 모래사장이 들어왔다. 장수석을 찾기 위해 청년은 평범해 보이는 자갈을 하나씩 주워 살펴본 다음 바닷물 속으로 던져 넣기 시작했다.

세월이 흘러 청년은 어느덧 백발노인이 되었다. 나이가 들어서도 그는 하루도 빠지지 않고 평범해 보이는 자갈을 골라 바다로 던지는 행동을 반복했다.

그의 한결같은 태도에 하늘도 감동했는지 그는 결국 전설 속의 장수석을 찾는 데 성공했다. 그러나 기쁨도 잠시, 그는 손에 쥔 자갈을 자신도 모르게 습관적으로 바다를 향해 '풍덩'하고 던져 버리고 말았다.

처음에는 고정관념이 자리잡지 않은 상태였다가 점차 고정된 습관으로 변화해간다. 안 그러면 현대 사회에서 도태되기 때문이다. 지극히 논리적인 이야기다. 하지만 끊임없이 변하는 세상에서 생존 환경은 예측 가능한 상태에서 한 치 앞도 내다볼 수 없을 만큼 다양하게, 그리고 순식간에 변하고 있다. 이러한 현실에서 살아남으려면 언제나 민감하게 반응하는 뇌를 가져야 한다.

창조적인 사고는 습관적이지 않은 사고에서 비롯된다. 일 처리 방식이 획기적일수록 그에 따른 리스크는 증가하고, 기존의 습관적인 행동을 바꾸면서 생겨나는 리스크는 더더욱 커질 수밖에 없다. 그럼에도 간과할 수 없는 사실은, 상당수의 특정 상황에서 나 자신이 고정관념에서 벗어나지 못한다면 더 큰 리스크에 노출될 수 있다는 점이다. 그러므로 고정관념에서 벗어나 변화에 재빠르게 적응할 수 있는 법을 배워야 한다. 고정관념이 자신의 대뇌를 둔감하게 만들지 못하도록 하라.

02

홀로 서는 힘을 키워라

어려움에 직면해 타인에게 기대는 습관은 우리가 흔히 빠질 수 있는 함정이
다. 제3자가 당신을 구할 수 있을까? 남을 믿을 바에야 자신의 무한한 가능성
을 찾고 자신은 자신만이 구할 수 있다고 믿어라. 자신은 다른 사람보다 더 잘
해낼 수 있다고 말이다.

심리학에서는 가족이나 친척, 또는 소속, 소유 여부에 과도하게 집
착하는 의존감은 강박적·맹목적·비이성적인 감정으로 진실한 감
정과 무관하다고 진단한다. 의존형 인격을 지닌 사람은 자신의 개인
적 취미, 인생관을 버릴지언정 기댈 만한 사람을 찾아 헤맨다. 누군
가가 자신을 도와줄 때 만족감을 느끼기 때문에 점점 타성적으로 변
하고 자주성과 창의력을 잃어버리게 된다. 주변의 도움으로 일을 성
사시키는 것도 모자라 과도할 정도로 남에게 의존하는 사람들은 시
간이 지날수록 감당하기 어려운 압박감에 시달리게 된다. 혼자서 감
당하기 벅차다는 생각에 자신이 뭘 해야 할지, 또는 자신의 어떤 능
력을 계발해야 하는지 스스로 판단하지 못할 만큼 자신감이 바닥으

로 추락한다.

어릴 때부터 부모는 물론 조부모에 이르기까지 아이를 귀한 보물처럼 떠받들다 보면 아이는 일상생활에서도 타인에게 크게 의존하기 쉽다. 그 때문에 성인이 된 뒤에는 스스로 인생을 개척하지 못하고 쉽게 방황하거나 좌절하기도 한다.

어느 날, 처마 밑에서 비를 피하고 있었던 한 사내가 우산을 쓰고 가는 관음보살을 발견하고는 큰 소리로 외쳤다.

"관음보살님! 중생을 구제해 주신다고 들었는데 비를 피할 수 있도록 제게 우산을 씌워주십시오!"

"지금 나는 빗속에 있고 그대는 처마 아래 있소. 처마 아래에는 비가 내리지 않으니 내가 구제해줄 필요가 없을 것 같은데." 그 말에 사내는 잽싸게 처마 아래에서 달려 나오더니 비를 맞으며 또다시 입을 열었다.

"이제는 저도 빗속에 있으니 구제해 주시겠죠?"

"그대도 빗속에 있고 나 역시 빗속에 있소. 내가 젖지 않은 것은 우산이 있기 때문이고, 자네가 젖은 것은 우산이 없기 때문이지. 내가 나를 구제한 것이 아니라 우산이 나를 구제한 것이오. 구제를 받고 싶거든 내게 도움을 청할 것이 아니라 우산을 찾아보는 게 좋을 것 같구려!" 말을 마친 관음보살이 뒤도 돌아보지 않고 사라졌다.

그로부터 얼마의 시간이 지난 후 곤경에 처한 사내가 관음보살에게 도움을 청하고자 사원을 찾았다. 사원에 발을 디딘 사내의 눈에 정성스레 절을 올리는 사람의 모습이 보였다. 어찌된 영문인지 그 사람은 관음보살과 영락없이 똑같았다.

놀란 사내가 조심스레 입을 열었다. "혹시 관음보살이십니까?"

"그렇소. 내가 바로 관음보살이오."

"그런데 왜 자신에게 절을 하고 계시는 겁니까?"

"나도 어려운 처지에 놓였기 때문이오. 다른 사람에게 도움을 구할 바에야 내 자신에게 도움을 구하는 편이 훨씬 도움이 되거든!"

그렇다, 천지신령에게 도움을 구하는 것보다 자신에게 답을 구하는 편이 훨씬 현실적인 해결책이 될 수 있다. 사람이 살아가는 데는 반드시 타인의 도움과 응원이 필요하다. 왜냐면 완벽한 사람은 존재하지 않기 때문이다. 타인의 도움을 받을 때 우리는 상대의 출중한 재능과 문제 해결을 위한 그만의 사고방식을 배울 수 있다. 상대에게서 경험과 교훈을 얻고 자신을 업그레이드하는 것이다. 그럼에도 스스로 문제를 마주하고, 문제를 해결할 줄도 알아야 한다. 모든 사람은 저마다의 '구세주'로서, 스스로 노력한다고 믿을 때 평소 알지 못했던 잠재력이 발휘될 수 있다.

미국에 사는 한 소녀가 아버지의 개인용 비행기를 탔다가 불행히도 추락사고를 당하고 말았다. 비행기에 타고 있던 소녀의 부모와 언니, 사촌언니가 그 자리에서 모두 숨지고 소녀만 혼자 목숨을 건졌다. 반팔 티셔츠에 짧은 치마를 입고 있던 소녀는 온몸이 피투성이가 된 채 4도라는 추운 날씨에 맨발로 1.6㎞를 걸었다. 소녀는 어둠 속에 희미하게 깜빡이는 불빛을 따라 마을에 도착했다. 비록 세가구밖에 없는 마을이었지만 소녀가 반대 방향을 향해 걸었다면 살아남을 희망조차 없었을 것이다.

처참한 몰골로 죽은 부모의 모습에 대부분의 아이들은 그자리에 주저앉아 울음을 터뜨리는 게 고작이었을 것이다. 하지만 침착하게, 자신이 살아남을 수 있는 방법을 여덟 살에 불과한 소녀는 찾아냈다.

알려진 바에 따르면 소녀의 아버지는 비행 교관으로 평소 소녀에게 야생에서 살아남는 법을 가르쳐 줬다고 한다. 아마도 위험천만한 순간에 소녀는 아버지가 들려줬던 이야기를 떠올렸을 것이다. 하지만 그녀가 살아남을 수 있었던 가장 중요한 원인은 어릴 때부터 독립된 성격을 길렀기 때문이다. 부모의 도움 없이 스스로 해낼 줄 아는 성격 덕에 소녀는 기댈 수 있는 사람이 전무한 환경에서도 살아남을 수 있었다.

● OPEN YOUR EYES ●

다른 사람에게 의존하는 순간 나만의 개성이 사라진다. 다른 사람에게 기댈 때, 적어도 나 자신을 의존할 수 있는 상대에게 일부 맡길 때 우리는 상대로부터 영향을 받게 된다. 다른 사람에게 기

댈수록 스스로 문제를 해결하겠다는 의지가 사라지면서 자신을
수동적으로 만들게 된다. 타인에 대한 의존에서 벗어나 스스로
우뚝 설 때 비로소 자신의 운명을 헤쳐나갈 수 있다.

··· **03** ···

자신이 그린 원 밖으로 나가라

자신이 살아가는 환경을 세상의 전부로 여기는 태도는 좁은 시야를 가진 많은
젊은이가 빠지기 쉬운 함정이다. 많은 일을 겪었다고 생각하지만 실은 자기가
그려놓은 원 안에 갇혀서 많은 것을 보지 못한다. 자신이 그린 원 밖으로 발을
내딛는 순간, 여태껏 알지 못했던 새로운 세상이 펼쳐질 것이다.

우물에 사는 개구리가 바다에서 뭍으로 올라온 바다거북에게 으스대
며 말했다. "내가 사는 우물이 얼마나 재미난 곳인지 알아? 우물 난
간에서 뛰어내리기도 하고, 우물 벽 틈에 들어가 쉴 수도 있지. 우물
에서 헤엄칠 때면 시원한 물이 내 뺨을 부드럽게 어루만지기도 해.
어디 그뿐인 줄 알아? 부드러운 진흙 위를 온몸으로 굴러다니는 것
도 기분좋지. 주변의 벌레나 게에 비하면 나는 정말 행복하다니까!"

개구리의 자기 자랑은 좀처럼 끝나지 않았다. "이 우물은 내 거
야! 여기선 하고 싶은 대로 마음껏 할 수 있지. 어때, 관심이 좀 생겼
나? 마음에 들면 특별히 우물을 구경시켜 줄게."

아까부터 개구리의 이야기에 눈을 반짝이던 바다거북이 우물을

구경하고 싶다며 안내를 부탁했다. 그런데 그의 왼쪽 발이 우물 바닥에 닿기도 전에 오른쪽 발이 우물 난간에 걸리고 말았다. 낭패한 표정의 바다거북은 결국 원래 자리로 돌아오고 말았다.

개구리가 그토록 자랑하던 우물의 현실을 직접 겪은 바다거북은 그에게 자신이 사는 바다에 대한 이야기를 들려주기 시작했다. "내가 사는 바다는 말로 표현할 수 없을 만큼 거대하고, 가늠할 수 없을 정도로 깊어. 10년간 아홉 번은 홍수가 났지만 해수면이 그 때문에 올라간 적은 없어. 8년간 일곱 번이나 가뭄이 들었을 때도 그 때문에 수위가 내려간 적도 없지. 홍수나 가뭄 때문에 해수면이 변하는 일이 없을 정도로 바다는 어마어마해, 그게 바로 내가 바다를 사랑하는 이유지!"

개구리는 바다거북이 들려준 이야기에 충격을 받은 듯 두 눈을 부릅떴다. 번데기 앞에서 주름 잡았다는 생각에 개구리는 얼굴이 시뻘겋게 달아오른 채 아무 말도 하지 못했다.

생존 환경이 사고와 인식을 결정한다는 점을 감안해 부지런히 안목을 키워야 한다. 그래야 열린 사고도 가능하다. 독선적이고 자아도취에 빠지는 건 보고 듣고 배운 것이 부족하기 때문이다.

우물에 앉아 하늘을 올려보는 행동은 우리가 쉽게 빠질 수 있는 함정이다. 위에서 말한 것처럼 많은 일을 겪었다고 생각하지만, 실은 당신의 세상이 너무 좁기 때문일지도 모른다.

이처럼 폐쇄적인 함정에 빠지게 되는 데는 후천적인 요소가 크게 작용한다. 우리의 행위와 심리는 사실상 현실 생활과 일상적인 업무에서 '습득'된 경우가 대부분이다.

나약하고 보수적인 성향의 사람은 대개의 경우 안정적인 생활을 선호한다. 자신의 힘으로 책임과 도전을 감당할 용기가 없기 때문에 자신을 상대적으로 안정적이고 익숙한 환경에 가둔다. 이러한 상태가 오래 지속될 경우 자신이 그린 원 밖으로 나갈 필요성을 느끼지 못하게 된다.

또 한편으로 사회생활에서 겪게 되는 '타성' 역시 폐쇄적인 성격을 형성하는 데 일조한다. 정보화가 심화됨에 따라 시대의 변화를 좇아 가는 작업은 현대인에게 무척 중요한 일이 되었다. 과거에 안주한 채 외부의 정보를 외면한다면, 시대의 흐름 속에 '도태'되고 말 것이다. 그렇게 스스로가 그린 원 안에 오랫동안 갇혀 있다 보면 그 한계를 영원히 뛰어넘지 못한다.

폐쇄적인 성향의 사람에게서 우리는 다음과 같은 특징을 발견할 수 있다.

첫째, 사회적 교류를 두려워한다

유년기에 과잉보호를 받으면 외부의 충격에도 쉽게 무너지고 자신 감마저 떨어지기 쉽다. 누군가가 뭐라고 하면 행여 큰 실수라고 할까 봐 잔뜩 긴장한다. 그들은 공개적인 장소에서 실수를 저지르는 것을 두려워한 나머지, 아예 세상을 향한 문을 닫아 걸은 채 자신만의 세계에서 살아간다.

둘째, 자책감

살아가면서 저지르게 되는 '작은 실수'에도 쉽게 자책하거나 심지어 자신을 외면하고 혐오스럽게 생각하는 사람들이 있다. 다른 사람이 모두 자신을 탓할 거라는 생각에 그들은 아예 세상과 담을 쌓으려 한다.

셋째, 부정적인 심리적 암시

개인의 이미지에만 집착한 나머지 자신을 항상 못났다고 생각하는 사람도 있다. 이러한 자기암시 때문에 자신에 대한 타인의 평가에 민감하게 반응하며, 타인의 시선을 지나치게 의식한다. 심한 경우 타인과의 교류를 아예 단절할 수도 있다.

개인 또는 사회와 정상적으로 교감하지 못한 채 자기가 만든 틀 안에서 살아간다면 지식의 양과 질을 한 단계 끌어올리지 못하는 것은 물론, 잘못된 인격이 형성돼 사회의 일반적인 틀에서 완전히 '궤도 이탈'할 수도 있다. 그러므로 자기가 만든 세상에만 머무르려는 심리에 대한 사회적인 관심이 반드시 필요하다.

자신이 그린 원 안에서 벗어나려면 평소 다음과 같은 훈련이 필요하다.

자신을 기쁘게 받아들여라

현실 생활에서 사람들은 수없이 좌절한다. 실패를 모두 자신의 탓으로만 돌리는 사람은 타인의 평가에 민감하게 반응하기 때문에 항상 불안에 떤다. 따라서 평소 타인의 평가를 지나치게 의식하지 않으면서 '자신만의 길'을 걸으며 자신이라는 존재를 기쁘게 받아들일 줄 아는 연습이 필요하다.

자신을 타인에게 열어두라

사회적 교류와 자기 개방에 대한 이해를 높여야 한다. 현대 사회는 다양한 독서나 여행은 물론 다양한 인맥을 강조한다. 교류는 인간의 사고 능력과 삶의 노하우가 점차 향상됨에 따라 점차 확대되고 업그레이드된다. 교류를 통해 사람들의 생각과 사고가 한자리에 머물지 않고, 끊임없이 새로움을 추구할 수 있다. 그 밖에도 교류는 사람에게 다양한 감정을 선사하며 건전한 심리 상태를 유지하는 데 도움이 된다.

자신을 세상에 개방하고, 자신을 드러내어 전체를 이루는 일원이 될 때 우리는 비로소 소속감과 안정감을 느낄 수 있다. 자기 개방, 자기표현의 수위는 개인의 발전 수준에 따라 결정된다. 자신을 세상에 과감하게 드러내고 표현하면 더 높이 도약할 수 있다.

자신을 업그레이드하라

열심히 지식을 구하고 자신의 삶을 향상시켜야 한다. 지적 호기심과 다양한 삶의 즐거움을 추구하는 데 집중하다 보면 시대의 흐름에 자연스럽게 동화되는 것은 물론, 심리적 압박감을 덜 수 있다. 살아 숨 쉬는 현실에 뛰어드는 순간, 우리는 자신의 부족함을 잊고 자신 있는 모습으로 다시 태어날 수 있다.

● OPEN YOUR EYES ●

자신의 좁은 세계에 갇혀 자랑을 늘어놓는 순간부터 이미 많은 실수를 저지르는 것이다. 빳빳이 쳐들었던 고개는 숙이고 바깥세상을 향해 거침없이 발을 내딛어라.

자신을 원망하지 마라

왜 나만 빼고 모두 행복한가? 왜 나만 빼고 잘 나가는가? 많은 사람이 자신의 가치를 인정하지 못하고 언제나 자신의 삶을 원망하기 바쁘다. 세상에 걱정 없는 사람은 없다고 했다. 자신을 향한 무의미한 원망을 멈추고 자신만의 세상을 만들어라.

청년에게 운명은 가혹한 것이었다. 어려운 가정 형편 탓에 중도에 학업을 포기해야 했던 것도 모자라, 어릴 때 당한 교통사고로 한쪽 다리를 평생 절어야 했기 때문이다. 그래서 남들에게는 쉬운 일도 청년에게는 감당하기 어려울 정도로 힘들었다.

당초 고향 친구들과 도시의 전자 부품 공장에 입사한 청년은 좀처럼 다른 사람의 속도를 따라잡을 수 없었다. 온몸이 땀범벅이 되도록 열심히 일해도 동료들에 비하면 한참 뒤처지기 일쑤였다. 그러다 보니 전체적인 업무 효율이 떨어질 수밖에 없었다. 결국 사장으로부터 미운 털이 박혔고, 동료들로부터 대놓고 무시당하는 일도 허다했다. 심지어 일부 동료들은 일할 팔자가 아니라며, 집에 가서 보

조금이나 타 먹으며 살라고 비아냥거리기도 했다. 자신의 부족한 점을 잘 알고 있던 청년은 위축되기는커녕 자신도 평범한 사람처럼 일할 수 있다는 것을 증명하기로 결심했다. 그래서 날마다 남보다 일찍 출근해서 늦게 퇴근하는 것은 물론, 공장에서 종종 밤을 새는 일도 있었다. 기술을 연구하거나 업무 요령을 익히며 아침부터 밤늦도록 땀투성이가 되도록 일했다.

하늘도 무심하지 않았는지, 청년의 업무 효율이 나날이 개선되기 시작했다. 그리고 연말이 되었을 무렵, 청년은 우수 직원으로 뽑혀 부서에서 큰 상을 받았을 뿐만 아니라 주임으로 승진하게 됐다. 청년은 여기에 만족하지 않고 솔선수범하여 상사와 동료들로부터 인정을 받았고, 회사에 입사한 지 2년 만에 부공장장으로 승진했다.

삶은 우리의 뜻대로 움직여 주지 않는다. 그 때문에 많은 사람이 세상을 원망하지만 불평을 늘어놓는다고 해서 달라질 것은 없다. 불평해봤자 도움이 되기는커녕 오히려 현실을 냉정하게 바라볼 수 있는 안목은 사라지고, 앞으로 나아갈 수 있는 동력도 꺼진다. 청년의 성공은 우리의 능력이 제한적이라고 해도, 어쩌면 남보다 못하다고 해도 할 수 있다는 믿음과 포기하지 않겠다는 용기만 있으면 현실의 한계를 뛰어넘어 최종 목적지에 도착할 수 있다는 것을 다시 한 번 입증했다.

현실에서 많은 사람이 자신의 처지를 원망하며 살아간다. 간혹 불평을 쏟아낼 때도 있지만 시간과 장소를 가리지 않고 무조건 불평만 해대는 것은 잘못된 심리다. 불만은 부정적인 결과를 낳고 이성을 잃는 것은 물론 어려움에 맞서 싸울 용기마저 잃게 한다. 그렇다면 불평, 불만을 벗어나거나 피하려면 어떻게 해야 할까?

자신에게 너무 엄격하지 마라

완벽함을 꿈꾸며 매사에 지나칠 정도로 진지한 사람들이 있다. 하지만 세상에 완벽한 것은 없다. 자신에게 지나칠 정도로 깐깐하게 구는 사람은 주변 사람으로부터 가장 많은 불평을 사는 사람이 되기 쉽다. 사실 그들 역시 불만의 피해자다.

작은 실수를 지나치게 자책한다면 그로 인한 피해는 결국 자신이 고스란히 떠안게 된다. 양지가 있으면 음지가 있고, 좋은 것이 있으면 나쁜 것도 있는 것이 인생이다. 그러니 매사에 일일이 따질 필요가 없다. 자신에게 지나치게 박하게 굴지 마라. 그래야 마음도 한결 편안해질 것이다.

일상생활 속 승패를 직시하라

사람이 살아가면서 매사에 순풍에 돛 단 듯 평탄할 수만은 없는 노릇이다. 바라는 대로 이뤄지기를 바라는 마음은 말 그래도 바람일 뿐, 세상에는 영원한 승자 따윈 존재하지 않는다. 자신의 능력을 과대평가했거나 또는 너무 높은 목표를 세웠다면 실패할 가능성이 높아질 수밖에 없다.

그래서 옛 사람들은 이겨도 자만하지 말고, 패해도 기죽지 말라고 했다. '승패'를 담담하게 대할 때 불평, 불만도 사라질 것이다.

불평, 불만이 쌓이면 냉정해지는 법부터 배워라

성공하지 못하는 데는 분명 그만한 이유가 있을 것이다. 그러니 눈앞의 성공에 급급하다가 실수를 저지르지 말아야 한다.

충동은 위험하다. 냉정하게 생각하고 꼼꼼히 문제를 분석한 뒤 문제의 원인을 찾아라. 속담에 '적군이 공격해 오면 장수가 나가서 막고, 물이 밀려오면 흙으로 막는다'는 말이 있다. 즉 상황에 알맞은 방법으로 대처할 줄 아는 의연함을 갖춰야 한다.

실패해도 낙심하지 말고 문제의 원인을 찾아라

하던 일이 실패했다고 해도 낙심하지 말고 도망치지도 말라. 그보다는 실패한 원인을 찾은 뒤 자신의 무엇 때문에 실패했는지 반성해야 한다. 예를 들어서 잘못된 판단이나 용인술, 꼼꼼하지 못한 일 처리 등이 모두 실패를 불러온 결정적인 원인이 될 수 있다.

하지만 실패는 중요하지 않다. 아픈 만큼 성숙해지는 법. 다시 처음부터 시작하면 된다. 곤경에 처했다고 하늘을 원망하고 주변 사람에게 책임을 돌려봤자 문제가 해결되기는커녕 문제를 악화시키고 심지어 원래 목표에서 멀어지게 만들 수 있다.

자신의 능력에 맞는 목표를 세워라

우리 주변에는 먹고 살기 힘들다, 스트레스가 너무 크다며 투덜거리는 사람이 적지 않다. 자신의 능력, 흥미, 경험 등을 명확하게 가늠하지 못해 지나치게 높은 목표를 세우면서 생긴 부작용이다. 그 때문에 자신에게 주어진 임무를 완수하는 데만 초점을 맞추게 되어, 주변을 돌아볼 여유도 없이 온갖 괴로움과 부담감에 허덕이기 쉽다.

주변과 조화를 이루며 선을 베풀어라

사람을 장기판 위에 놓인 장기알에 비유하자면, 장(將)이나 졸(卒) 모두 저마다의 역량을 지니고 있다. 여기에 사회적 역할이 더해지면서 자신만의 역할을 갖게 된다.

장기를 두는 것처럼 전체적인 판국을 살피며 각자의 자리에서 맡은 바를 다하고, 다른 사람에게 도움을 줄 때 강력한 단결된 힘을 형성할 수 있다. 이러한 단결력은 자신의 발전은 물론 집단, 나아가 사회 발전에 유리하게 작용한다.

포기할 때는 과감하게, 자기 관리에 힘써라

원망은 문제를 해결하는 데 하등의 도움도 되지 않을 뿐만 아니라 건강도 해친다. 역지사지의 발상을 배운다면 괴로움도 크게 줄어들 것이다. 멀리 내다보고, 넓게 품어라. 과거는 이미 지나갔고, 미래는 아직 오지 않았다. 모든 원망은 백해무익하다. 투덜거릴 바에야 자

신에게 지금 무엇을 해야 할지, 또 무엇을 할 수 있을지 묻는 편이
더욱 현실적인 대책이 될 것이다.

<hr>

● OPEN YOUR EYES ●

원망 대신 믿음으로 자신을 위로하고, 긍정적인 눈빛으로 자신을
소중히 여겨라. 풀 한 포기가 대지를 바꿀 순 없지만 뿌리의 깊이
를 스스로 선택할 수는 있다. 자신감이라는 뿌리가 마음의 밭에
깊이 자리잡는 순간, 원망이라는 잡초는 뿌리도 내리지 못한다.

두려워하는 마음의 의미

경외심은 자연 및 사회적 법칙에 품는 공경심과 두려움을 가리킨다. 경외심은
자기절제와 자기반성뿐만 아니라 자신의 언행을 스스로 단속하는 데 도움이
된다. 또한 사람과 사람, 사람과 사회, 사람과 자연의 조화로운 관계에 대한
남다른 이해를 갖게 해준다.

송나라 문단을 이끌었던 문호 구양수(歐陽脩)는 자신이 지은 글을
고칠 때 여러 번 퇴고하며 '마음을 쓰는 게 심히 고달프다'고 말했
다. 그런 그를 이해할 수 없었던 구양수의 아내가 스승에게 혼나는
게 두려워서 그런 것이냐고 물었다. "스승님에게 혼날까 두려운 것
이 아니라 후세에 비웃음을 당할까 두려운 것이오." 여기서 말하는
'두렵다'는 단순히 공포를 뜻하는 것이 아니라 스스로 삼가고 경계
한다는 심오한 의미를 지니고 있다.

마음에 두려움이 있다는 것은 차마 생각하지 못하고 차마 말하지
못하며 차마 행동하지 못한다는 뜻이 아니다. 이치에 맞게 생각하고
논리적으로 말하며 원칙에 따라 행동하는 것, 다시 말해서 마땅히 해

야 할 생각을 하고 마땅히 할 말은 말하고 마땅히 해야 할 일을 하는 것을 의미한다. 이렇듯 두려운 마음은 좀 더 심오한 뜻을 지닌다.

제7회 세계인터넷대회(World Internet Conference)에 참석한 알리바바의 창업자 마윈은 강연 도중에 경외심에 대한 이야기를 꺼내 놓았다. "은혜에 감사하는 것 외에도 두려워하는 마음을 반드시 지녀야 한다고 생각합니다. 대부분의 경우 성공은 우리의 능력으로 이룬 것이 아니었습니다. 왠지 모르겠지만 말로 설명할 수 없는 무언가가 우리를 돕고 있습니다. 지금 이 자리에 서기까지 우리는 많은 어려움을 만났고 위기를 극복했습니다.

알리바바는 항상 두려워하려고 노력합니다. 우리 뒤에 뭔가가 있는지 알 수 없어 두렵습니다. 앞으로 10년, 20년이 그동안 그래 왔듯 순탄할 거라고는 생각하지 않습니다. 그래서 10년, 20년 동안 경외심을 품고 끊임없이 자신을 바꿔야 한다고 생각합니다. 감사할 줄 아는 마음과 두려워할 줄 아는 마음을 잃지 않도록 항상 노력하십시오. 경외심은 특히 중요합니다."

오늘날 사람들은 물질적 이익을 극도로 추구하는 동시에 수많은 과거의 소중한 미덕을 버리면서 고통에 신음하고 있다. 뇌물 수수, 개인, 집단 나아가 국가의 이익 침해 등의 현상이 범람하고 원초적인 신경을 자극하는 저속한 광고가 시장에 난무하고 있다. 의사로서의 본분을 저버리고 환자로부터 부당한 돈을 받거나 학위를 따기 위해 타인의 논문을 표절하는 학생, 살인, 사기, 조작, 자살, 타살 같은 끔찍한 뉴스가 날마다 신문과 인터넷을 장식하고 있다. 이들은 과연 무엇을 두려워할까? 아쉽게도 인간, 자연, 생명, 나아가 자신을 두려워할 줄 아는 마음은 전혀 찾아볼 수 없다.

● OPEN YOUR EYES ●

두려워해야 양심, 의무, 책임, 도덕을 말할 수 있는 자격을 얻을 수 있고 책임감, 성취감, 애국심도 기를 수 있다. 이는 인류가 꾸준히 발전할 수 있는 것은 물론, 사회가 지속적으로 나아갈 수 있는 동력이 된다.

좋은 기분이 성공으로 이끈다

사람들은 기분이 좋지 않은 이유를 외부에서 찾곤 한다. 기분이 나쁘든 좋든 일시적인 것은 시간이 지나면 사라져버린다. 계속해서 즐거운 기분을 유지하는 것은 쉽지 않은 일이지만, 성공적인 인생으로 가는 데 꼭 필요한 자세다.

건강은 하늘에 높이 뜬 달처럼 차고 이지러지며, 재물은 물 위에 떠 있는 부평초처럼 모였다가도 흩어진다. 그런 점에서 빼앗길 수 없는 재물은 사람의 마음이 유일하다 하겠다.

건강 전문가는 암 환자를 개별적으로 치료할 때 사망률이 높고 그룹으로 치료할 때 사망률이 낮다고 지적한다. 실제로 미국에서는 암 환자 7~8명이 그룹을 이뤄 매주 한 번씩 모임을 갖는다. 그 자리에서 자신의 고통이나 기쁨, 일상생활에서 느꼈던 소소한 감정을 공유하며 암과 싸울 수 있도록 서로를 격려한다. 이러한 그룹 치료법을 통해 부작용이 줄어들면서 사망률이 크게 줄어드는 효과를 경험할 수 있었다. 그들의 경험을 살펴보면 크게 두 가지 공통점을 발견할 수 있다. 첫째, 마음의 균형을 잃지 않도록 기분 좋은 상태를 유지한다. 둘째, 화목한 가정을 거느리고 있다. 가족, 나아가 주변 사람 모두 환자에게 관심을 기울인다. 요컨대 적극적인 사회적 지원이 환자의 치료에 개입하는 것이다. 이러한 환경이 갖춰진 뒤에 약물 치료가 진행된다.

즐거운 마음이 무엇보다도 중요하다. 그 마음에 따라 세상이 달라 보일 수 있고 세상을 대하는 자세 또한 달라질 수 있다.

성격 급한 청년이 연인과 데이트 약속을 잡았다. 원래 정했던 시간보다 일찍 왔던 탓에 청년은 나무 아래서 연인이 자신처럼 일찍 오지 않은 걸 원망했다. "데이트할 때도 기다려야 한다니, 뭐 하나 마음에 드는 게 없어!" 그 순간, 멋들어진 흰 눈썹을 지닌 한 노인이 청년에게 다가가 신기한 시계를 건넸다. "시계를 앞으로 돌려보게, 그러면 자네가 원하는 공간으로 데려다 줄 테니. 그렇게 되면 지금처럼 그리 고통스럽지 않을 걸세."

청년은 고민 끝에 노인이 건넨 시계를 사용해보기로 했다. 여자 친구가 지금 뭘 하느라 자신과 달리 약속 시간에 신경도 쓰지 않는 건지 궁금한 청년이 천천히 시계 바늘을 돌렸다. 번쩍하며 빛이 나더니 청년의 눈에 약속 장소로 허겁지겁 달려오는 여자 친구의 모습이 보였다. 여자 친구는 이러다가 늦겠다고 연신 중얼거리며 달려오고 있었다. 그 모습에 청년은 괜찮으니 천천히 와도 된다고 말하고 싶었다. 바로 그 순간, 차 한 대가 여자 친구를 향해 쏜살같이 달려들었다. 요란한 소리와 함께 차는 멈췄지만 여자 친구는 바닥에 쓰러져 있었다. 그 모습에 청년은 말도 안 된다며 절규했다.

다시 주변이 눈부시게 밝아지더니 청년의 눈에 아름다운 여자 친구가 자신을 향해 달려오는 모습이 보였다. 흰 구름이 두둥실 떠가는 푸른 하늘 아래, 새들은 따뜻한 햇볕을 쬐며 재잘거렸고 싱그러운 꽃향기가 주변을 감싸고 있었다.

악몽에서 깨어난 듯 청년은 여자 친구의 손을 잡으며 나지막이 입을 열었다. "널 기다릴 수 있어서 정말 행복해!" 그 순간 시계를 건넸던 노인이 청년에게 다가와 나지막이 속삭였다. "살면서 이렇게 소중한 사람을 기다리는 게 어찌 그리 고통스럽단 말인가? 마땅히 행복하고 즐거워야 할 것을!"

이처럼 즐거움과 고통은 생각의 차이일 뿐이다. 물이 반 정도 들어 있는 잔을 보고 낙관적인 사람은 물이 절반이나 남았다고 하지만 비관적인 사람은 물이 절반밖에 없다고 말한다. 즐거움은 마음에서 비롯되는 것인데, 눈앞에 실제로 존재하는 것 또는 당신의 두 손에 쥐고 있는 것에 감사하지 못하고 왜 시간이 지나면 사라질 고통 때문에 괴로워하고 원망하는가?

즐거움과 고통은 생각의 차이일 뿐이다. 모든 것은 마음먹기에
달렸으니 세상에는 영원한 즐거움도, 고통도 없다. 좋지 않게 생
각할 이유도 없다. 좋은 생각을 어떻게 가질 것인가? 그것은 나
자신의 생각이 결정한다.

07

다른 사람의 시선에
얽매이지 마라

많은 사람이 주변의 시선에 얽매이는 함정에 빠지곤 한다. 길지 않은 인생, 다른 사람이 아닌 나 자신을 위해 살아라.

한 화가가 심혈을 기울인 작품을 완성한 뒤 사람이 많이 다니는 시장에서 전시회를 열었다. 화가는 그림 옆에 이런 글을 남겼다. '그림에 수정할 부분이 있으면 그곳에 물음표를 써 주시오.'

그리고 며칠 뒤 화가는 그림 곳곳에 물음표가 있는 것을 보곤 벌린 입을 다물지 못했다. 어디 하나 지적받지 않은 곳이 없었기 때문이다. 급기야 자신의 실력을 의심하게 된 화가는 몇날 며칠 고민 끝에 생각을 바꾸기로 했다. 그래서 그는 지난번 시장에 전시했었던 그림과 똑같은 그림을 그린 뒤 시장 한가운데에 전시했다. 다만 그때와 다른 것이 있다면 사람들에게 자신이 마음에 드는 곳에 느낌표를 써 달라고 부탁한 점이었다. 그리고 며칠 지나 시장을 다시 찾은 화가는 지난번 전시 때 지적받았던 곳도 느낌표로 잔뜩 뒤덮여 있는 것을 보고는 크게 기뻐했다.

개인의 행동이 타인의 평가에 좌우된다면 자아를 잃고 타인의 노예로 전락할 뿐이다. 자신의 생각을 끝까지 지키고 타인의 의견으로 자신의 평가를 대체하는 어리석음을 저지르지 마라! 선택의 갈림길이 두 개 혹은 여러 개일 때 결정권은 자신이 쥐어야 한다. 때로는 우리의 선택이 최선이 아닐 수도 있을 것이다. 하지만 그 또한 인생이다. 자신이 삶의 조타수가 되어야 한다.

어느 누구도 세상과 단절된 채 살아갈 수 없다. 거의 모든 지식과 정보 역시 타인의 교육과 환경에서 비롯되고 영향을 받는다. 그것을 어떻게 받아들이고 해석해서 가공할 것인가? 또 그 결과를 어떻게 조합할 것인가 모두 개인의 문제에 해당한다. 이 모든 것을 독립적으로 이해하고 선택해야 한다. 최고의 중재자는 누구인가? 다른 사람이 아닌 바로 나 자신이다. 괴테(Johann Wolfgang von Goethe)는 모든 사람은 유언비어에 흔들리거나 타인의 이야기에 얽매이지 말고, 반드시 자신이 닦은 길을 걸어야 한다고 주장했다. 모두가 자신을 좋아해 주기를 바라는 것은 반드시 버려야 할 헛된 바람이라는 것이다.

우리는 복잡한 세상을 살고 있다. 우리가 만나는 사람, 사건 모두 다방면에 걸쳐 다양한 관점에서 다양한 형태와 성질로 구성되어 있다. 우리는 자신이 느끼고 알고 있는 경험, 현실에서 살아간다. 당신에 대한 타인의 생각과 의견에는 저마다의 이유와 원인이 있겠지만 당신의 진면목과 전체적인 이미지를 오롯이 담아내지 못한다. 당신에 대한 타인의 평가는 '프리즘', 심지어 당신의 모습을 왜곡시키는 요술거울과도 같다. 모든 사람을 만족시키겠다는 비현실적인 바람은 당신을 힘들게 할 뿐이다.

모든 사람의 비위를 맞추는 일은 어리석을 뿐만 아니라 불필요한 일이다. 소중한 시간과 에너지를 타인의 눈치를 보는 일에 쓰지 마라. 무조건 타인의 말에 따를 것이 아니라 제대로 된 인격과 근면성실한 일 처리 솜씨, 진지한 배움의 자세를 갖추는 데 써야 할 것이다.

● OPEN YOUR EYES ●

다른 사람의 잣대로 자신을 평가하지 마라. 다른 사람의 잘못으로 자신을 벌하는 것은 더더욱 피해야 한다. 사람들이 뭐라고 수군거려도 자신의 생각이 맞는다고 생각한다면 끝까지 자신의 생각을 지켜라. 그때 비로소 자신만의 길을 걸을 수 있을 것이다.

08

좌절 앞에 고개 숙이지 마라

좌절에 직면하면 스스로 헤어 나올 수 없다는 생각은 실의에 빠진 사람이라면 누구나 쉽게 빠질 수 있는 삶의 함정이다. 살아가면서 좌절은 피할 수 없지만 그렇다고 해서 뒤로 물러날 것도 없다. 벽에 부딪힐수록 용감해져라, 온힘을 다해 좌절의 벽을 뛰어 넘어라.

한 유명한 강연자가 손에 20달러를 쥔 채 아무 말도 하지 않고 강단에 섰다.

좌석에 앉은 200명의 관중을 한동안 바라보던 강연자가 20달러를 갖고 싶은 사람이 있으면 손을 들어 보라고 했다. 그러자 많은 사람이 손을 번쩍 들었다. 강연자는 갑자기 20달러를 구깃구깃 접은 뒤에 아직도 20달러가 갖고 싶으냐고 물었다. 그럼에도 몇몇 사람이 손을 들자, 이번에는 20달러를 땅바닥에 팽개치더니 한쪽 발로 꽉꽉 밟기 시작했다. 그가 더럽고 찢어진 돈을 바닥에서 집어 올리며 여전히 갖고 싶은 사람이 있으면 손을 들라고 했다.

그러자 누군가가 손을 들었다. 그 모습에 강연자는 조용하지만 확신에 찬 말투로 입을 열었다.

"제가 이 돈을 어떻게 대하든지 여러분은 여전히 갖고 싶어 할 겁니다. 왜냐면 20달러라는 가치는 여전히 변함없기 때문이죠. 인생길에서 여러분은 자신의 결정 또는 직면하게 된 역경 때문에 셀 수도 없을 정도로 많이 넘어지고, 추스를 수도 없을 만큼 여러 번 무너져 내렸을 겁니다. 그 순간, 여러분은 자신이 가치없는 사람이라고 생각했을지도 모르겠습니다. 하지만 무슨 일이 있었든, 또는 앞으로 무슨 일이 생기든 여러분은 저마다 소중한 가치를 지니고 있습니다. 외모나 옷차림에 상관없이 여러분 모두는 하나같이 소중한 존재라는 뜻입니다."

인생길에서 우리는 누구나 시련과 좌절을 겪게 된다. 그 싸움에서 이기면 삶의 강자이자 영웅이 될 수 있다.

우리가 삶에 만족하지 못하는 것은 우리의 능력에 한계가 있기 때문이다. 좌절은 우리의 삶을 더욱 풍요롭게 만들고 깊이를 더한다. 좌절을 두려워 마라. 좌절 후에 패배감에서 벗어나지 못하는 것은 바보 같은 짓이다. 낙관적인 자세로 좌절을 마주해야 비로소 자신이 얼마나 훌륭한 사람인지 깨달을 수 있다. 좌절했을 때, 우리는 다음과 같은 부정적인 행동을 취하곤 한다.

첫째, 합리화

포도를 먹지 못한 여우가 포도가 시다고 말했던 것처럼 자신을 안심시키기 위해 실패를 인정하지 않는다. 성적이 나쁜 학생이 모든 학생이 성적이 좋을 수는 없다고 자신을 위로하는 것과 같다.

둘째, 환상

현실에서 만족하지 못해 환상에 빠져 상상 속 성공을 현실로 간주하고 위로를 얻는다. 배움이 부족한 학생이 자신을 학문적 재능이 넘치는 인재로 상상하는 것과 같다.

셋째, 공격

일부 사람들은 좌절하면 자신의 불만과 분노를 공격적 행위로 구체화한다. 예를 들어 교사로부터 지적을 받은 학생이 일부러 학칙을 어기거나 다른 학생과 싸움을 일으키기도 한다. 크게 좌절한 나머지 자신을 공격 대상으로 여기고 자살로 가는 심각한 경우도 있다.

넷째, 억압

좌절하면 자신의 욕망 또는 고통스러운 경험을 억지로 틀어막아 마치 아무 일도 없었던 것처럼 행동하는 경우도 있다. 이를테면 시험을 망쳤다며 고통스러운 기억이 서서히 무뎌질 때까지 현실을 외면하는 것이다.

이러한 부정적인 행동은 '저항력'이 떨어졌다는 의미로 이해할 수 있다. 맹자(孟子)는 '하늘이 장차 이 사람에게 큰 소임을 내리려

하면, 반드시 먼저 그 마음을 괴롭게 하고 그 살과 뼈를 고달프게 하고, 그 신체와 피부를 말라붙게 하고, 그 몸을 궁핍하게 하며, 그가 하는 일마다 잘못되고 어지러워지게 하는데, 이는 마음을 분발시키고 성격을 강인하게 함으로써 그의 부족한 능력을 키워 주려는 것이다. 이렇게 하는 이유는 그의 마음을 움직여 참을성을 길러줌으로써 일찍이 할 수 없던 것도 할 수 있게 함이라'고 했다. 이상, 포부 그리고 행동력을 가진 청년이라면 역경에 처할 때마다 좌절을 '시금석(試金石)'으로 삼아야 한다. 그렇다면 좌절이라는 벽에 부딪혔을 때 이를 어떻게 극복할 것인가?

냉정할 줄 아는 방법을 배워라

냉정함은 좌절했을 때 가장 먼저 배워야 하는 '스킬'이다. 많은 사람이 좌절했거나 여의치 않은 상황에 몰렸을 때 충동적으로 행동하거나 조급한 마음을 드러낸다. 그래서 주변 사람에게 엉뚱한 화를 내기도 한다. 이러한 행동은 문제 해결에 도움이 되기는커녕 오히려 문제를 어렵게 만들 뿐이다.

원망하지 마라

많은 사람이 좌절하면 언제나 끊임없이 남을 원망한다. 예를 들면 누가 이러저러하지 않았으면 자신은 일찌감치 성공했을 거라든지 이렇게 될 줄 알았다면 그렇게 행동하지 않았을 거라는 둥 다른 사람에게 책임을 전가한다. 남을 원망할 시간에 문제를 해결할 수 있는 방법을 모색하는 편이 훨씬 현실적이지 않을까?

부정적인 마음가짐을 버려라

어떤 사람은 좌절에 부딪혔을 때 조급하거나 당황한 기색 없이 담담해 보인다. 실상 자포자기한 나머지 전투 의지를 깡그리 잃은 것이다. 자신에게는 비빌 언덕도 없고 쓸 만한 자원도 없으니 결코 성공하지 못한다고 생각하는 것이다. 제아무리 노력해도 소용없다는 소극적인 마음가짐은 반드시 버려야 한다. 그렇게 생각해봤자 문제 해결에 도움이 되기는커녕 문제를 더욱 악화시킬 뿐이다.

도망치지 마라

대부분의 사람이 좌절에 직면했을 때 가장 먼저 도망치는 쪽을 선택한다. 좌절의 벽에 부딪히는 걸 좋아하는 사람은 분명 없을 것이다. 그래서 우리는 좌절에서 가능한 한 멀리 떨어지려고 한다. 누군가는 도망치는 것도 좌절을 대하는 일종의 방식이라고 주장하지만 이는 최선의 해결책이 아니다.

잠시 멈춰도 좋다

필요할 때 잠시 멈춰도 좋다. 삶의 종착지는 단숨에 앞만 보고 달려가도 될 만큼 평탄하지 않다. 종착지를 향해 걸으며 온갖 장애물을 만나게 되는데, 힘들 때면 잠시 발걸음을 멈춰도 좋다. 잠시 서서 앞의 상황을 파악한 뒤 장애물을 피해 목표에 도달할 수 있는 방법을 고민해야 한다.

도움을 구해라

자신이 쉽게 해결할 수 있을 문제를 좌절이라고 부르지는 않는다. 백짓장도 맞들면 낫다는 속담처럼 다른 사람에게 도움을 구하는 것을 부끄럽다고 여기지 마라. 이번에 친구로부터 도움을 받았다면 다음에는 친구를 도와주면 된다.

● OPEN YOUR EYES ●

좌절을 두려워 마라. 오히려 좌절을 동반자 삼아 함께 삶의 여정을 걸어야 한다. 강인한 의지, 포기할 줄 모르는 끈기를 가진 사람으로부터 좌절을 무너뜨리고 더 나은 자신으로 거듭나는 법을 배워야 한다.

09

타인이 아니라 자신을 바꿔라

자의든 타의든 다른 사람과 '힘겨루기'를 하면 결과적으로 제로섬 게임으로 치달을 뿐이다. 하지만 자신과 '힘겨루기'를 하면 패자 없이 모두 승리할 수 있다.

'세 살 버릇 여든 간다'는 말처럼 자신과의 싸움은 결코 쉽지 않다. 게다가 오랜 시간에 걸쳐 생겨난 본성은 일종의 습관으로 자리잡는다. 습관을 바꾸는 것은 살을 베어내고 피를 뽑아내는 것처럼 고통스러운 작업이다.

그래서인지 많은 사람이 문제가 생겼을 때 다른 사람을 먼저 바꾸려 한다.

자신을 바꾸기 어렵기 때문에 문제가 생겼을 때 다른 사람을 비난하고 다른 사람이 변하기를 바라는 것은 지극히 자연스러운 현상이다. 하지만 사람들은 한 가지 사실을 종종 잊곤 한다. 다른 사람 역시 자신의 습관이 있기 때문에 당신이 자신을 억지로 바꾸려 할 때 자연스레 저항하고 반감을 품는다. 상대에 관해 절대적인 권위를 가지지 않는 한, 상대에게 변하라고 강요한다면 결국 서로를 원망하고 멀리하는 상황을 초래할 수 있다.

그렇기 때문에 문제에 직면했을 때 자신부터 살펴보는 것이 현명한 방법이다. 자신에게 문제가 있는 건 아닌지 살펴보고 자신이 변화할 수 있는지, 또 어떻게 해야 변할 수 있는지 돌아보는 것이다.

문제가 생겼을 때 다른 사람을 원망하고 탓하지 말라. 만족스러운 성과를 이끌어 내고 뭔가를 제대로 해내고 싶다면 일단 자신부터 바꿔라.

타인이 눈에 거슬리는 것은 자신의 수양이 부족한 탓이다.

자신과 힘을 겨루는 것은 자기수양의 과정이자, '소인배'에서 군자로 탈바꿈하는 과정이다. 이 과정이 끝나면 다른 사람과 함께 어울릴 때 한결 여유롭고 성숙한 자신을 발견할 수 있을 것이다.

자신과 힘을 겨루려는 사람, 자신을 바꾸려고 하는 사람이라면 자신의 아픈 곳을 들여다보고 소금을 뿌릴 줄 알아야 한다. '자학'처럼 보이지만 결코 쓸데없는 짓이 아니다. '하늘은 스스로 돕는 자를 돕는다'는 말처럼 자신과 싸우려면 고통스럽지만 아픈 만큼 성숙해질 수 있다. 자신의 부족한 점을 가차 없이 후벼 파고 고치려 할 때 비로소 헛된 수고가 아닌 더 나은 자신이 되기 위한 밑거름으로 쓸 수 있다.

자신과 싸우는 데 성공한 사람이라면 변한 당신을 대하는 세상의 모습 역시 달라진다는 사실을 금방 깨닫게 될 것이다. 요컨대 자신을 변화하는 노력을 통해 다른 사람은 물론 세상도 바꿀 수 있다!

● OPEN YOUR EYES ●

타인을 바꾸는 일은 노력에 비해 그 성과가 미미하지만, 자신을 변화시키는 것은 상대적으로 손쉬우면서도 그 효과는 탁월하다. 다른 사람에게 변하라고 다그칠 시간에 자신을 되돌아보라. 다른 사람을 향한 시선을 거두고 자신의 내면세계로 돌아와 마음속 번뇌를 치우다 보면 어느새 즐거워하는 자신을, 그리고 덩달아 즐거워하는 주변 사람들을 발견할 수 있을 것이다.

···10···

과정이 더 소중하다

여행길에 오른 사람들은 멀고 먼 어딘가에 별천지가 펼쳐져 있다고 상상하는 함정에 빠지기 쉽다. 그래서 허겁지겁 목적지를 향해 달려가느라 길 주변에 펼쳐진 경치에 눈길조차 주지 않는다. 우리의 삶 역시 이와 다를 것 없다. 삶의 풍경은 최후에 보게 될 결과물이 아니라 노력의 과정 곳곳에 흩어져 있다. 발걸음을 늦추고 주변의 풍경을 감상하며 노력의 즐거움을 만끽하라.

인생은 경험의 연속이다. 하나의 경험, 하나의 과정이 모이고 모여 삶이라는 거대한 물줄기를 만들어 낸다. 하지만 많은 사람이 과정의 의미와 소중함을 미처 깨닫지 못하고 허겁지겁 달려가는 데 급급하다.

걸핏하면 자신을 '지지리도 재수가 없다'고 표현하는 사내가 있었다. 어릴 때부터 뭘 하든 한 번도 성공한 적 없다는 그는 수십 년 동안의 실패를 뒤돌아보며 하늘을 원망했다. 더 이상 패자로 살기 싫다며 그는 소위 성공했다는 사람들을 찾아다니며 성공 비결을 물어보기로 마음먹었다.

성공한 사람들을 찾기 위해 산을 넘고 물을 건넌 사내의 눈앞에 느긋한 표정으로 낚시하는 노인의 모습이 나타났다. "어르신, 성공하려면 어떻게 해야 하는지 아십니까? 전 태어나서 한 번도 성공의 맛을 느껴본 적이 없습니다. 저도 한 번은 반드시 성공하고 싶습니다!" 이야기를 조용히 듣던 노인이 자신의 낚싯대를 건넸다. 얼마 뒤 사내가 물고기 한 마리를 낚자 노인이 빙그레 웃으며 입을 열었다. "날마다 물고기를 낚을 수 있으면 성공한 것이네."

노인의 말에 사내는 자신이 원하는 답이 아니라며 계속해서 발걸음을 옮겼다. 그로부터 한 달이 지난 뒤, 강을 건너던 사내는 숲에서 사냥꾼을 만났다. 그에게 성공 비결을 묻자, 사냥꾼은 방금 잡은 산짐승을 들어 올리며 활짝 웃었다. "날마다 통통하게 살이 찐 사냥감을 잡을 수 있으면 성공한 삶이 아니겠소?"

여전히 만족할 만한 답을 얻지 못한 사내는 반드시 성공 비결을 알아내고 말겠다며 거친 숲과 황폐한 사막도 지났다. 그렇게 계속 앞을 향해 걷던 남자가 천신만고 끝에 하느님을 만났다.

남자는 가쁜 숨을 몰아쉬며 어떻게 해야 성공할 수 있을지 물었다.

"너처럼 하면 된다."

"네? 저처럼 말입니까?"

"그래. 날 만나러 오는 길에 넌 많은 사람을 만나고 많은 것을 보았을 것이다. 안목이나 지혜는 물론, 세상을 대하는 네 가슴 역시 예전보다 훨씬 커져 있을 테니 그것이 성공 아니면 무엇이겠느냐? 성공을 결과로 정의한다면 넌 평생 성공의 기쁨을 느끼지 못할 것이다. 과정이 성공의 일부라는 사실을 깨달아야 비로소 진정한 성공을 얻게 될 것이다."

삶의 의미는 과정에서 찾을 수 있다. 이를 무시하고 결과에만 집착하며 보이는 것에서만 의미를 찾는 사람은 물질적, 사회적으로 성공할지는 몰라도 평생 허무함에서 벗어나지 못할 것이다. 왜냐면 삶에는 결과가 없기 때문이다. 모든 결과는 새로운 과정의 시작일 뿐이며, 결과의 성패 또한 순간의 차이일 뿐이다. 결과에만 매달리면 삶의 즐거움과 가치는 평가 절하될 뿐이다. 전체적인 과정을 오롯이 만끽할 때 오래도록 희망과 만족감을 맛볼 수 있다.

● OPEN YOUR EYES ●

젊을 때는 과정을 수단으로, 결과를 목적으로 이해한다. 좋은 결과를 얻지 못하면 실패했다고 생각하는 것이다. 하지만 나이가 들면서 세상의 많은 사람들, 많은 사건을 겪으며 과정은 길지만 결과는 짧다는 것을 깨닫는다. 삶은 과정이다. 그래서 삶을 만끽하는 것은 다시 말해 삶의 과정을 온전히 누리는 것이다. 봄에는 꽃이 있고 가을에는 달이 밝고, 여름에는 바람 불고 겨울에는 눈이 내리네.' 이것이야말로 진정한 좋은 시절이 아니겠는가?

3장
인간관계의
함정을 없애라

다른 사람의 생각은 종종
당신과 다르다

인간관계는 우리의 일, 삶에 긴밀히 작용한다. 인간관계가 넓어질수록 삶의
길은 평탄해지고 할 수 있는 일도 늘어난다. 인간관계에 관한 우리의 잘못된
인식을 벗어던지고, 성공으로 향하는 지름길이 되게 하자.

다른 사람의 입장에서 생각해라

미국 대중음악계에 한 획을 그은 마이클 잭슨(Michael Jackson)은 자신을 모르면서 제3자의 관점에서 자신을 함부로 평가하지 말라는 말을 남겼다. 자신의 관점에서 문제를 바라보는 건, 문제를 해결할 때 쉽게 빠질 수 있는 함정이다. 심리학자들은 인간관계에 어떤 문제가 있든지, 타인의 생각을 최대한 이해하고 존중하며 역지사지한다면 손쉽게 문제를 해결할 수 있을 것이라고 충고한다.

잔치에 초대받은 고승 앞에 산해진미로 가득한 잔칫상이 차려졌다. 그런데 어찌된 영문인지 한 요리에 돼지고기가 들어있는 게 아닌가! 고승을 보필하는 제자는 스승이 볼 수 있도록 젓가락으로 요리 속에 묻혀 있던 돼지고기를 재빨리 끄집어냈다. 그 순간, 고승이 젓가락으로 고기를 음식 안으로 쑥 밀어 넣었다. 제자가 고기를 다시 끄집어내자, 고승이 다른 재료를 고기 위에 덮으며 제자를 향해 조용히 귓속말을 했다. "고기를 밖으로 또다시 끄집어낸다면 네가 그것을 먹어야 할 것이다." 그 말에 놀란 제자는 잔치가 끝나도록 고기가 들어 있는 요리 근처에는 젓가락도 대지 않았다.

잔치가 끝난 후 고승은 주인에게 감사인사를 건넨 뒤 거처로 향했다. 아까부터 묵묵히 뒤를 따르던 제자가 불만스러운 표정으로 입을 열었다. "스승님, 요리사는 저희가 고기를 먹지 못하는 것을 뻔히 알면서도 왜 고기를 넣었던 걸까요? 저는 스승님이 요리사의 잘못을 따끔하게 혼내실 줄 알았습니다!"

"누구나 실수를 하기 마련이다. 그것이 고의든 우연이든 말이다. 요리에 돼지고기가 들어 있다는 것을 주인장이 알았다면 화가 머리 끝까지 나서 요리사를 야단쳤을 것이다. 어쩌면 요리사를 해고했을지도 모르지. 차라리 내가 고기를 먹으면 먹었지, 그것은 내가 보고 싶은 광경이 아니다."

사람이나 사물을 대할 때는 언제나 '선'을 지켜야 한다. 잘못을 저질렀다고 해도 도망칠 여지를 남겨줘야 불필요한 화를 피하는 것은 물론, 뜻밖의 감동과 성과를 올릴 수 있다.

사람마다 서로 다른 가치관, 환경을 지니고 있는 탓에 살아가면서 나와 다른 의견을 가진 사람을 만나는 것은 지극히 자연스러운 일이다. 시시비비의 늪에 빠지는 순간, 우리는 자신도 모르게 초조한 마음을 드러낸다. 나 자신의 체면과 이익을 위해 시시비비를 꼬치꼬치 따지며, 상대가 백기를 흔들 때까지 몰아세운다. 그렇게 얻어낸 승리는 대단한 것처럼 보이지만 결국에는 다음 전쟁을 위한 불씨일 뿐이다. 패자는 자신의 체면 또는 이익을 위해 반드시 '설욕'하고 싶어 하기 때문이다.

일상생활에서 당신의 미움을 산 사람에게 도망갈 여지를 남겨줘라. 쓴소리도 줄이고 정도를 봐가며 상대의 잘못을 따져야 한다. 안 그러면 눈앞의 '적'을 쓰러뜨리지 못할 뿐만 아니라, 주변 사람들이 당신을 멀리하거나 벽을 세울 수도 있다. 관용을 베풀 수 있을 때 최대한 관용을 베풀어야 한다. 상대에게 빠져나갈 길을 남겨두고 잘못을 짐짓 모른 척하기란 결코 쉬운 것이 아니지만, 그렇게 할 수 있다면 오히려 자신에게 많은 기회가 올 수 있다.

이치를 무시하는 것은 단점이지만, 이치를 일방적으로 강요하는 것은 '함정'이 된다고 한다. 논리적이면서도 '조화로운' 것이 논리적이면서도 '강압적인' 것보다 훨씬 설득력 있고 타인의 마음을 바꿀 수 있다. '이치'를 밝히는 데 집착할 필요는 없다.

그렇다면 관용을 어떻게 베풀어야 하는가? 역지사지의 입장에서 타인을 위해야 한다. 다음의 구체적인 방법을 참고해보는 것도 좋겠다.

타인의 입장에 서서 문제를 고민해보라

타인의 행동을 이해할 수 없을 때는 그 사람의 입장에서 문제를 이해하고 해결하는 방법을 고민하는 것이다. 난감한 문제에 부딪혔을 때 시도해보는 것이 좋다.

상대가 처한 상황을 이해하라

자신이 직접 경험하며 얻은 결론으로 역지사지할 줄 아는 능력을 키

위야 한다. 사람마다 자라난 환경, 처한 생활수준이 모두 다르기 때문에 누군가를 온전히 이해하려면 그가 처한 환경을 반드시 이해해야 한다. 그래야 상대의 관점에서 문제를 바라볼 수 있다.

소통의 중요성을 알아라

소통을 통해서만 상대를 이해할 수 있고, 상대의 관점에서 문제를 이해할 수 있다. 이러한 방법을 통해 역지사지의 능력을 키울 수 있다.

진심으로 공감하라

문제를 처리하는 상대의 특징과 행동을 파악하고 상대와 공감대를 이룰 줄 알아야 상대가 당신을 신뢰할 수 있다. 이와 함께 직면한 문제를 바탕으로 상대의 의견과 생각을 구할 줄 알아야 한다.

문제의 핵심을 파악하라

문제의 핵심을 파악해야만 비로소 역지사지할 수 있다. 특히 다른 사람과 갈등을 빚을 때는 상대의 입장에서 문제를 파악하는 작업이 더욱 중요하다.

다른 사람을 상대할 때는 지나치게 몰아붙이지 말고 적정선을 지
켜라. 그리고 다른 사람 입장에서 생각해라. 그래야 예상하지 못
한 좋은 결과를 얻을 수 있다.

인간관계의 핵심은 상부상조

사람과 사람 사이에 믿음이 없다면 서로를 돕고 위하는 것은 근본적으로 불가능하다. 감정적 교류 없이 서로에 대한 믿음 또한 존재할 수 없다. 인간관계에서 긍정적인 감정을 꾸준히 '저축'해 두라. 그것이 신뢰를 높일 수 있는 지름길이다.

호감, 관심 등의 감정을 통장에 부지런히 저축하다 보면 상대로부터 신뢰를 얻을 수 있다. 그러면 곤경에 처했을 때 상대의 도움을 받을 수 있다. 타인의 도움과 응원을 받으려면 반드시 자발적으로 과감하게 손길을 내밀어야 한다고 강조하는 이유가 바로 여기에 있다. 내가 먼저 타인에게 관심을 보이고 적극적으로 도우며 감정을 꾸준히 저축하는 것보다 중요한 것은 없다.

반대로 감정을 저축하지 못하고 인출만 하려는 사람은 아무도 상대하려 하지 않는다. 그렇게 되면 감정이라는 통장은 영영 사라지고 말 것이다. 평소 통장에 아무것도 저축하지 않으면 필요할 때 꺼낼 수 있는 자산이 없어 빚을 질 수밖에 없다. 빚도 언젠가는 갚아야 하는 것이니 결국 빚을 갚기 위해서라도 저축해야 한다.

상부상조는 단순히 물질적인 이익에 국한되지 않고, 정신적인 이익에도 적용할 수 있다. 다른 사람을 도와준다고 해서 내게 반드시 도움이 되거나 좋은 결과를 가져다줄 거라고 보장할 수 없다. 왜냐면 인간관계의 상부상조는 장사처럼 반드시 등가로 거래되고, 눈에 띄는 '현물'로 교환될 수 있는 것이 아니기 때문이다. 그러니 도움을 요청한 사람은 타인을 돕는 것이 결국 자신을 돕는 것임을 상대에게 효과적으로 납득시켜야 한다.

당신이 누군가에게 반나절 동안 집을 깨끗이 청소해 달라고 부탁했는데, 상대는 집을 치운 지 1시간도 채 지나지 않아 도중에 가버릴지도 모른다. 또는 누군가에게 회사 창업 수속을 도와 달라고 부탁했는데 중간에서 다리만 놔줬을 뿐, 결국 모든 실무는 당신이 일일이 발품을 팔며 처리해야 하는 상황이 펼쳐질 수도 있다. 이러한 상황에 처하더라도 상대가 무책임하다고 원망하지 마라. 사람들은 이미 당신을 돕지 않았는가. 당신은 그들의 수고를 인정하고 감사해야 한다. 당신을 1시간 동안 도와줘서 고맙다고 인사하면 상대는 다음에 2시간 동안 당신을 도와줄 것이다. 창업 작업을 도와줘서 고맙다며 성의를 보인다면 다음에는 사업을 끝까지 도와줄 것이다.

기꺼이 다른 사람을 도와주고 자신이 먼저 상대에게 도움의 손길을 내밀어라. 그렇게 꾸준히 감정이라는 통장에 저축하는 습관을 길러라. 앞에서 이야기한 것처럼 도움을 구하는 것과 도움에 응하는 것 모두 '마음의 빚'이 된다. 마음의 빚은 정확하게 계산할 수 없는 것이지만 그 존재감은 쉽사리 잊히지 않는다.

상대에게 도움을 요청할 때, 상대 역시 '공짜로' 도와주지는 않으려 할 것이다. 당신 역시 도와 달라는 부탁을 받았을 때 상대가 훗날 자신을 도와주기를 기대할 것이다.

상대에게 딱히 도움이 필요한 일이 없다면 상대의 정신적인 욕구를 채워주는 것 또한 좋은 방법이 될 수 있다. 이를테면 상대에 대한 존경심을 드러내거나 그의 능력을 높게 평가하는 것이다.

누군가를 도운 뒤 그가 자신에게 빚을 졌다고 생각하는 사람들을 주변에서 어렵지 않게 찾아볼 수 있다. 그들은 우월감을 드러내며 상대의 약점이라도 쥔 양 무시하기도 한다. 이러한 태도는 대단히 위험하다. 보답은커녕 오히려 상대방에게 거부감이 들게 할 수 있다. 이런 경우는 다른 사람을 도와도 자신의 '감정 통장'에 아무것도 입금되지 않는다. 왜냐면 이러한 오만한 태도는 오히려 그 효과를 깎아먹기 때문이다.

그래서 타인을 도울 때는 다음의 내용에 주의해야 한다:

1. 당신의 도움을 받는 것을 상대가 부담스럽게 느끼지 않도록 해라.
2. 자연스럽게 행동해라. 당신이 상대를 도와줬을 당시 상대는 아

마도 당신의 도움을 대수롭지 않게 생각할 수도 있다. 하지만 시간이 지날수록 자신에 대한 당신의 관심이나 배려를 눈치챌 수 있을 것이다. 자연스럽게 행동하는 게 가장 이상적이다.

3. 타인을 도울 때는 억지가 아니라 기꺼이 즐거운 마음으로 도와라.

'누군가를 돕는다'고 스스로 의식하는 순간, 상대가 당신의 도움에 아무런 반응도 보이지 않았을 때 불쾌함을 넘어 분노할 수도 있다. '내가 얼마나 고생하며 도와줬는데 모른 척할 수 있냐!'라며 화를 내는 태도나 생각은 진정한 도움이 아니다.

상대 역시 다른 사람을 위할 줄 아는 사람이라면 당신의 도움을 대수롭지 않게 생각하는 일은 결코 없을 것이다. 어떻게 해서든 자신만의 방법으로 당신의 도움에 보답하려 할 것이다. 이처럼 타인에게 도움을 베풀 줄 아는 사람은 다른 사람으로부터 종종 도움을 받을 수 있다.

● OPEN YOUR EYES ●

감정은 눈에 보이지 않는 자산이다. 효과적으로 '운용'하면 생각지도 못한 결과로 돌아온다. 호감, 관심 등의 감정을 평소에 꾸준히 쌓아 인간관계에서 신뢰를 높이자.

반골이라도 배척하지 말라

반골기질을 지닌 사람들은 고압적인 자세로 타인을 깔보고 사사건건 시비를 건다. 너그럽지도 못하고 요령 또한 부족해서 사람이나 일을 대할 때면 언제나 자기중심적으로 생각한다. 그래서 다른 사람을 이해하지 못하고, 상대의 의견을 존중할 줄도 모른다. 고독하지만 오히려 그 때문에 자신이 관심을 갖는 일에 매진하여 성과를 내는 경우도 있으므로 잘 살펴볼 필요가 있다.

남다른 재능을 지닌 사람들 중 상당수는 모순적인 이중성이 있다. 입으로는 부귀영화를 조롱하며 혐오하지만, 실제로 부귀영화 앞에서 무릎 꿇는다. 청빈하고 검소한 삶을 찬양하지만 정작 자신이 가난한 주인공이 되면 비통함에 젖어 우울한 낯빛을 드러낸다. 미움과 기쁨, 가난함과 부유함과 같은 분별심이 사라져야 세속의 영화를 뒤로 하고 기꺼이 삶을 담담히 관조할 수 있다. "큰 도는 어찌 숨기고도 진위(眞僞)가 있으며, 말은 어찌 숨기고도 시비(是非)가 있는가? 큰 도는 작은 성공에 의해 가려져 있고, 말은 화려한 수식에 가려져 있기 때문이다." 장자(莊子)와 같은 경지에 이를 수 없다면 반기를 들어서 자신의 개성을 드러내는 것 또한 현명한 선택이 될 수 있다.

사람이 세상에 태어난 이상 뚜렷한 성공을 거두고 남보다 높은 자리에 오르려는 것은 거의 모든 사람이 원하는 삶의 목표일 것이다. 평범한 사람이라면 자신의 목표와 목표를 이루겠다는 야망을 숨김없이 드러내겠지만, 목표에 집착하는 일부 지식인들은 오히려 자신의 속내를 감추는 데 열을 올린다.

이들은 현실에 만족하지 못한 채 오만하기 짝이 없는 태도로 사람들을 무시한다. 고압적인 자세로 타인을 깔보고 사사건건 시비를 건다. 너그럽지도 못하고 요령 또한 부족해서 사람이나 일을 대할 때면 언제나 자기중심적으로 생각한다. 그래서 다른 사람을 이해하지 못하고, 상대의 의견을 존중할 줄도 모른다. 고독하지만 오히려 그 때문에 자신이 관심을 갖는 일에 매진할 수 있는 경우도 있다. 오롯이 자신에게 집중한 채 꾸준히 자신을 계발하다 보면 결국 자신만의 힘으로 괄목할 만한 성과를 얻을 수도 있다. 역사적으로 이런 인물이 적지 않은데 가장 대표적인 인물로는 사마천(司馬遷)이 있다. 출중한 실력을 갖췄으면서도 속세와 거리를 둔 이들은 공통적으로 '반골 정신'을 지니고 있는데, 그 때문에 사회로부터 '배척'되기 쉽다.

삼국시대 장송(張松)은 조조(曹操)에게 투항했지만 그에게 끝내 등용되지 못했다. 조조 진영의 주부(主簿)인 양수(楊修)가 장송의 재주를 아까워하며 조조에게 장송을 다시 만나보라고 여러 번 권했다고 한다. 할 수 없이 조조는 그러겠노라 약조했다. 하지만 열병식에서 장송이 모두가 보는 앞에서 조조를 깔보는 말을 늘어놓았다. 그 이야기를 듣고 화가 머리끝까지 난 조조가 당장 장송의 목을 베라고 명했다. 다행히 양수 등의 간곡한 호소로 장송은 사형을 면한 채 몽둥이찜질을 받고 쫓겨났다. 호기롭게 조조를 설득하겠다며 유장(劉璋)에게 호언장담했던 터라 장송으로서는 지금 빈손으로 가면 면목이 없을 형편이라 형주(荊州)의 유비를 찾아가기로 결심했다.

한편 유비는 장송이 온다는 소식에 최고의 예우를 갖추며 도움을 구했다. 유비의 진영에서 큰 환대를 받고 고향으로 돌아가게 된 장송은 자신과의 헤어짐을 아쉬워하며 뜨거운 눈물을 흘리는 유비의 모습에 큰 감동을 받았다. 재능 있는 인재를 향한 유비의 남다른 사랑에 장송은 조조를 궁지에 몰 수 있는 비책과 함께, 대업을 위해 서천(西川)을 반드시 취해야 한다며 서천의 지형도를 넘겼다. 이를 토대로 훗날 유비는 조조를 제치고 서천을 손에 넣는 데 성공할 수 있었다.

예로부터 사람의 진정한 가치를 알아내기란 그리 쉬운 일이 아니었다. 겉으로 보기에 상냥하고 따뜻해 보이지만 허영심과 투기심으로 가득 찬 사람일 수도 있고, 누구보다도 근엄한 표정을 짓고 있지만 그 안에 백년 묵은 너구리가 들어앉아 있을 수도 있다. 용감해 보이지만 누구보다도 겁이 많을 수도 있고, 언제나 성실한 것처럼 보이지만 될 대로 대라며 손가락만 빨고 있는 사람일 수도 있다.

상대의 성격을 정확히 읽어내기 위해 다음의 일곱 가지 방법을 참고해 볼 만하다. 상대의 마음을 들여다볼 수 있도록 흔들어 놓기, 임기응변 능력이 있는지 알아보기 위해 말로 상대를 곤경에 몰아넣기, 견문과 식견을 알 수 있도록 상대에게 해답을 구하기, 상대의 반응을 알아보기 위해 상대에게 어려움을 호소하기, 본모습을 알기 위해 술 권하기, 청렴한지 알아보기 위해 물질로 상대를 유혹하기, 믿을 만한 사람인지 알아보기 위해 정해진 기간 안에 일 맡겨두기 등이 그러하다.

옛 사람들은 말이 뛰는 모습을 보고 조련사의 실력을 판단했다고 한다. 이처럼 개인의 재능을 알아보려면 반드시 실전 속 시련이 필요한 법이다. 하늘에서 눈이 내리지 않았다면 소나무가 잡초보다 추위에 강하다는 사실을 알지 못했을 것이고, 위험한 산과 강이 없었다면 사람들은 사방이 탁 트인 길의 중요성을 알지 못했을 것이다. 시련을 통해 실력이 검증되고, 비교를 통해 진위가 구분되는 법이다.

천하제일의 대장장이라고 불리던 구야자(歐冶子)라도 검(劍)의 색만 보고 검의 품질을 알지 못한다. 검으로 하늘을 나는 기러기를 베고, 땅 위를 달리는 말까지 연달아 베고 나면 무식한 범부(凡夫)조차 검의 날카로운 정도를 단박에 알아낼 수 있다. 천하의 백락이라고 하더라도 말의 입술과 이빨, 겉모습만 보고 말의 실력을 알아내지 못할 것이다. 말에 안장을 얹고 목적지까지 최대한 빠른 속도로 달려봐야 비로소 말의 재능을 간파하는 법이다.

다른 사람을 판단할 때는 그의 외모나 겉으로 드러난 것만 볼 것
이 아니라 반드시 그의 행동을 관찰하고 습관을 살펴야 한다. 그
래야만 본질적으로 상대를 파악할 수 있다.

···**04**···

다른 사람을 위하는 것이
곧 나를 위하는 것

잘난 척하며 주변을 돌아보지 못하는 사람을 주변에서 어렵지 않게 찾아볼 수
있다. 남의 아름다운 점을 도와 이루는 것은 일종의 수행이자 고상한 품덕이
다. 그러려면 넓은 가슴과 남을 위하는 마음자세를 지녀야 한다.

어느 마을에 영혼을 지닌 생명은 그것이 사람이든 짐승이든 간에 열
심히 수양한다면 누구나 신선이 될 수 있다는 이야기가 전해져 내려
오고 있었다. 그 이야기를 우연히 듣게 된 고양이가 자신도 신선이
되겠다며 고된 수련을 시작했다. 부지런히 수양하면 20년마다 꼬리
가 하나씩 생긴다는 이야기에 고양이는 사람들을 부지런히 도와주
며 이를 악물었다. 아홉 번째 꼬리가 나면 천계에 올라가 천상의 신
선들로부터 추대를 받을 수 있다는 상상에 고양이는 묵묵히 수행을
이어갔다.

하지만 아홉 번째 꼬리를 얻는 일은 그리 쉽지 않았다. 여덟 번
째 꼬리가 나던 날, 고양이는 생전 주인의 소원을 들어주면 원래 있

던 꼬리가 떨어지고 새로운 꼬리가 날 것이라는 계시를 받았다. 지금 있는 여덟 개의 꼬리 중에서 하나가 떨어지고 그 자리에 새로운 꼬리가 나봤자 결국 똑같은 여덟 개가 아닌가? 결론적으로 말해서 고양이는 신선이 될 가능성이 전혀 없다는 뜻이었다.

실망에 빠져 지내던 어느 날, 폭풍우를 만난 고양이가 몸을 피하기 위해 찾은 마을에서 늑대 떼에 포위당한 소년을 발견했다. 고양이는 신통술로 늑대 떼를 쫓아낸 뒤 소년을 구했다. 구해줘서 고맙다며 연신 고개를 숙이는 소년의 모습에서 왠지 익숙한 기운이 느껴졌다. 자세히 들여다보니 소년은 평범한 고양이였던 자신을 돌봐준 주인의 후손이었던 것이다. 예전에 들었던 전설이 사실이라면 소년의 소원을 들어준다면 원래 있던 꼬리가 떨어지고 새로운 꼬리가 나는 과정이 무한 반복될 터였다.

한편 소년은 오랫동안 전설로 전해지던 꼬리가 여덟 개 달린 고양이가 자신의 눈앞에 나타나, 그것도 자신을 직접 구해줬다는 사실을 도저히 믿을 수 없었다. 천금을 주고도 살 수 없다는 고양이의 주인이 자신이라는 사실에 뛸 듯이 기뻐했다. 소원이 뭐냐는 고양이의 질문에 소년이 머뭇거리자, 고양이는 평범한 고양이로 변신한 뒤 당분간 소년의 집에 머물기로 했다. 그로부터 며칠 동안 소년은 고양이와 지내는 동안 해탈한 듯한 고양이의 모습에서 깊은 슬픔을 발견했다. 끈질기게 그 이유를 물은 끝에 소년은 고양이로부터 그동안 있었던 이야기를 듣고는 커다란 연민을 느꼈다.

그러던 어느 날, 고양이는 더 이상은 참지 못하겠다며 소년에게 빨리 소원을 말하라고 다그쳤다.

"음…… . 정말 어떤 소원이든 다 들어주는 거야?"

"그래, 이제 그만 귀찮게 굴고 얼른 소원이나 말해."

"그렇다면 내 소원은…… . 네게 아홉 번째 꼬리가 생기는 거야."

소년의 말에 고양이가 멈칫하더니 짜증난 눈빛이 의심스러운 눈빛으로, 그리고 또다시 말로 표현할 수 없는 고마움의 눈빛으로 변했다. 고양이는 소년의 무릎 위로 뛰어올라가 여린 손을 부드럽게 핥았다.

그 순간, 아홉 번째 꼬리가 생겨나면서 고양이는 감격의 눈물을 흘렸고 그 모습을 지켜보던 소년은 행복한 미소를 지었다.

이야기 속에서 고양이는 많은 사람을 도와줬지만 모두들 자신의 욕망을 채우기에 바빴을 뿐이다. 여덟 개의 꼬리를 지닌 고양이가 자신의 소원을 들어주는 게 당연하다고 여기며, 어느 누구도 고양이의 사정에 관심을 보이지 않았다.

소년이 자신의 소원을 말하는 순간 놀라지 않았는가? 알라딘의 램프처럼 천재일우의 기회가 찾아왔을 때 사람들은 하나같이 당연히 자신이 누려야 한다는 듯, 자신을 위해 망설임 없이 사용하곤 하지 않는가.

성인이라면 당연히 타인을 존중하고 그의 부족한 점을 호의로 충고할 줄도 알아야 한다. 또한 타인의 어려움을 이해하고 적극 도울 줄도 알아야 한다. 성공하더라도 항상 겸손하게 행동하고 자신을 위한 타인의 도움과 수고로움에 감사할 줄 아는 데서 사람의 진정한 가치가 드러난다.

● OPEN YOUR EYES ●

다른 사람을 돕는 것은 결국 자신을 돕는 일이다. 어렵사리 얻은 자신의 행운을 다른 사람을 위해 기꺼이 양보해라. 어쩌면 그것은 세상에서 가장 큰 베풂이자, 가장 진실한 보답일지도 모른다.

도움을 줄 때도
타이밍이 중요하다

사람들은 대부분 타인의 성공을 축하하며 그들의 성공 법칙을 그대로 따르려 한다. 그러나 반대로 어려움을 겪고 있는 사람에게는 성공으로 가는 길을 알려주는 것보다 당장 도움의 손길을 내미는 것이 더욱 소중하고 현실적인 해결책이 될 수 있다.

'물 한 방울의 은혜도 반드시 용솟음치는 샘물처럼 갚아야 한다'는 속담이 있다. 여기서 말하는 물 한 방울의 은혜는 사실 상황에 따라 구분할 수 있다. 극도로 위험한 상황에 처한 상대에게 도움의 손길을 내민다면 평생에 걸쳐 그 은혜를 갚으려 할 것이다. 반대로 순풍에 돛 단 듯 일이 술술 잘 풀리고 있을 때는 도와줘봤자 그 은혜를 제대로 기억하지도 못할 것이다. 그래서 도움의 손길은 다른 사람이 위기에 처했을 때 내밀어야 기대 이상의 효과를 거둘 수 있다.

유명한 한 화가가 어린 시절 고생했던 속사정을 털어놨다. 굶기를 밥먹듯 할 만큼 찢어지게 가난했던 화가는 어느 날 화상(畵商)을 찾아갔다. 그의 손에는 자신도 확신할 수 없었던 그림 한 점이 들려 있었다. 그림을 한참 동안 바라보던 화상이 당시 시세로 따져도 꽤 많은 돈을 건넸다. 사실 화상이 화가에게 산 것은 그림이 아니라 그의 가능성과 자신감이었다. 그 후 화가는 자신 있게 자신의 예술 세계를 만드는 데 전념해 결국 유명한 화가로 명성을 날릴 수 있었다.

그때 화상은 화가에게 얼마나 되는 돈을 건넨 것일까? 잘 알 수는 없지만, 결과적으로 보면 명성을 얻은 후 화가의 그림값이 치솟았으니 화상으로서도 손해 본 일은 아니었을 것이다. 부와 명성을 쥔 화가에게는 그리 큰돈이 아닐지도 모르겠다. 하지만 그는 여전히 그때 화상이 건넨 돈이 자신에게는 말로 표현할 수 없을 만큼 소중했다고 말한다.

돈에 대한 잣대는 자신이 처한 상황에 따라 달라질 수밖에 없다. 그래서 금상첨화(錦上添花)보다는 '설중송탄(雪中送炭, 눈 속에 있는 사람에게 땔감을 보내준다는 뜻으로, 급히 필요할 때 필요한 도움을 준다는 의미다 – 옮긴이)'가 더 큰 의미를 지닌다.

중국의 초나라는 군사 대국으로 압도적인 병력을 앞세워 주변국을 집어 삼켰다. 중산국(中山國) 역시 초나라의 공격을 받고 혼란에 빠진 가운데 국왕이 재빨리 다른 나라로 도망쳤다. "원한에는 깊고 얕음이 없다고 하더니, 내 양갱(羊羹, 양의 피를 굳혀서 만든 요리 – 옮긴이) 한 사발에 나라를 잃었구나." 왕은 자신의 행동을 후회했다. 과거에 중산국의 왕은 대신들과 병사들의 노고를 치사하는 뜻에서 양갱

133

을 내놨다. 그런데 사마자기(司馬子期)라는 신하가 홀로 그것을 얻어 먹지 못했다며 원한을 품더니 급기야 초나라 군대를 불러들여 중산국을 멸망시킨 것이다.

허겁지겁 도망치는 자신의 뒤로 창을 든 두 청년이 쫓아왔다. 놀란 왕이 대체 정체가 뭐냐고 물었다.

"예전에 왕께서 굶어 죽어가는 이에게 먹을 것을 주신 일이 있었습니다. 저희는 바로 그분의 자식입니다. 아버님께서 죽기 전에 나라에 변고가 생기면 목숨을 걸고서라도 왕을 지켜 드리라는 유언을 남기셨습니다."

이처럼 도움을 줄 때는 눈에 보이는 양이 아니라 상대의 상황에 맞게 도와야 한다. 작은 음식 하나로 중산국의 왕은 나라를 잃었지만 무심코 건넨 음식 한 접시로 자신을 보필할 두 명의 용사를 얻었다.

● OPEN YOUR EYES ●

삶보다 복잡 미묘한 것이 또 어디 있을까? 일의 경중을 따질 줄 아는 도량, 크든 작든 남을 도와줄 때는 도움이 필요한 상황에 대한 판단이 필요하다. 도움에도 타이밍이 중요하다. 이것이 성공으로 향하는 길을 가르쳐 주는 것보다 더 절실할 때도 있는 법이다.

남의 말에 귀기울여라

우리는 종종 타인의 의견을 흘려들은 채 자신의 생각이 옳다고 주장한다. 이
는 인간관계에서 쉽게 빠질 수 있는 함정이다.

뉴욕 유명 일간지의 한 편집장은 원고를 검토할 때면 교정자가 쉽
게 알아볼 수 있도록 자신이 중요하다고 생각하는 내용을 빨간색 펜
으로 체크해 두곤 했다. 그러던 어느 날, 젊은 교정자가 그의 지시를
제대로 처리하지 않는 일이 일어났다. 교정자는 평소처럼 그가 체크
해 둔 내용을 꼼꼼히 읽었는데 그 내용은 대강 이러했다. "익명의 애
독자께서 먹음직스러운 사과를 보내주셨습니다. 빨갛게 잘 익은 사
과에 흰 글자가 쓰여 있었는데 자세히 보니 제 이름이더군요. 대체
어떻게 이렇게 할 수 있었는지 아무리 생각해봐도 모르겠습니다."

박학다식했던 청년은 그가 표시한 부분을 읽으며 자신도 모르게
웃음을 터뜨렸다. 사과가 빨갛게 익기 전에 종이를 오린 글자를 사

과에 붙인 뒤 햇빛에 익도록 내버려 뒀다가 글자를 떼어 내면 사과 표면에 글자가 남는 방식은 농가에서 흔히 쓰는 방법이었다. 청년은 이 내용이 신문에 실리면 웃음거리가 될 수 있다는 생각에 그 문단을 아예 빼 버렸다.

이튿날 아침, 편집장은 자신이 체크해 둔 신기한 사과에 관한 내용이 빠졌다는 것을 알고는 불같이 화를 냈다. 청년 교정자의 자세한 설명에 그는 자신의 무례함을 사과하며 친근하게 이야기했다. "그렇게 된 일이었군. 자네 덕분에 망신당하는 일을 모면했어. 앞으로 내가 빨간 펜으로 표시한 내용도 합당한 이유가 있다면 자네 마음대로 처리해도 좋네."

이처럼 다른 사람의 이야기에 귀를 기울이는 것은 결국 자신에게 유리하게 작용한다. 왜냐면 자신을 믿는 것만으로는 부족할 때도 있기 때문이다. 다른 사람의 의견에 적극적으로 귀를 기울이고, 그들의 충고와 경험을 받아들여야 하는 이유가 바로 여기에 있다.

재임 시절, 루스벨트 대통령은 목장에서 일하는 일꾼과 사냥에 나섰다. 야생 오리를 발견한 루스벨트 대통령이 총을 들고 쏠 자세를 취했는데, 목장 일꾼이 멀지 않은 곳에서 숨어 있는 사자를 발견하고는 루즈벨트에게 총을 쏘지 말라는 신호를 보냈다. 하지만 눈앞의 오리를 놓치고 싶지 않았던 루스벨트는 일꾼의 신호를 무시하고 총을 쐈다. 결국 총소리에 놀란 사자가 허겁지겁 도망쳤다. 뒤늦

게야 사자의 존재를 알게 된 루스벨트가 사자를 향해 총구를 겨눴지만 사자는 이미 멀찍이 달아난 상태였다. 그 모습에 목장 일꾼이 화가 잔뜩 난 채로 달려와 맹비난을 퍼부었다. "왜 이렇게 멍청해요? 내가 총을 쏘지 말라고 신호를 보내면 가만히 있어야지 왜 마음대로 합니까? 그런 것도 모르면서 무슨……."

일꾼의 지적에 루스벨트는 화를 내기는커녕 자신의 성급함을 반성하며 앞으로는 무조건 지시에 따르겠다고 약속했다. 자신이 미국 대통령이지만 사냥에 관한 한 일꾼이 자신보다 한 수 위라는 것을 루스벨트 대통령은 이해했다.

다른 사람의 목소리에 귀를 기울이고 그들에게 가르침을 구할 때는 사회적 지위에 상관없이 자신에게 도움이 된다면 적극 따라야 한다.

● OPEN YOUR EYES ●

자신에 대한 믿음은 성공의 전제조건이고, 다른 사람의 이야기에 귀를 기울이는 것은 성공의 필수조건이다. 다른 사람의 의견을 들을 줄 아는 사람은 엉뚱한 데 한눈팔지 않고 견문과 지식을 넓히며 한결 쉽게 성공할 수 있다.

07

거꾸로 관찰법 사용 안내서

인간관계의 함정을 피하려면 상대의 언행을 자세히 살필 줄 알아야 한다. 이는 매우 복잡한 대인 관계 요령인데, 특히 '거꾸로 관찰법'은 겉으로 드러나는 것만으로 판단하지 않아야 한다는 점을 강조한다.

이제 막 연애에 눈을 뜬 청년이 여자 친구로부터 걸핏하면 "정말 미워 죽겠어!"라는 말을 듣곤 했다.

그 이야기에 여자 친구한테 차였다고 생각한다면 '연애 초짜'임이 분명하다. 이와 달리 연애에 능숙한 사람이라면 좋으면서도 싫은 척하는 거라고 여기며 적당히 넘길 것이다.

현실에서도 실은 좋아하면서도 싫어하는 척하는 비슷한 상황을 쉽게 찾아볼 수 있다.

그래서 누군가를 파악할 때는 상대의 말만 듣고 판단해서는 안 된다. 왜냐면 말로는 객관적으로 이해할 수 없기 때문이다. 상대가 '싫다'고 해도 정말 '싫다'는 뜻이 아닐 수도 있다. 이처럼 오해를 피하기 위해서 거꾸로 관찰법과 정면 관찰법을 적절히 섞어 사용해야 한다.

《손자병법(孫子兵法)》에는 적의 동정을 파악할 수 있는 방법이 30여 가지 소개되어 있는데, 그중 거꾸로 관찰법과 관련된 10가지 방법을 소개해보겠다.

1. 적군이 외교적으로 평화를 외치며 적극적으로 전쟁 준비를 한다면 머지않아 공격해 올 것이다.
2. 적군이 외교적으로 강경책을 취하면서 대놓고 공격할 준비를 한다면 은밀히 철수를 준비하고 있을 것이다.
3. 적군의 전투력이 약화되지 않았는데도 평화회담을 제의한다면 또 다른 계략을 꾸미는 게 분명하다.
4. 적군이 동에 번쩍 서에 번쩍하며 진퇴를 거듭한다면 유인책을 쓰는 게 분명하다.
5. 야간 전투에서 적군이 요란하게 소리친다면 그만큼 겁을 먹었다는 뜻이다.
6. 적장이 수하를 질책했다면 적군 병사들이 전쟁에 지쳐 전투 의지를 상실했다는 뜻이다.
7. 적장이 특정 인물과 유독 친하다면 군심(軍心)이 흔들리고 있다는 뜻이다.
8. 상금을 남발한다면 장수에게 전투를 승리로 이끌 뾰족한 수가

없다는 뜻이다.

9. 함부로 수하들을 질책한다면 장수에게 더 이상의 묘책이 없어
군기가 심하게 흔들린다는 뜻이다.

10. 적군이 사신을 보냈다면 지원군이 오기를 기다렸다가 전열을
재정비한다는 뜻이다.

위의 내용을 다시 분류한다면 1~4번은 상대의 의도를 꿰뚫어 보
는 방법이고, 5~10번은 적군의 현황을 읽을 수 있는 방법에 속한다.
여기서 '적군'을 '상대'로 바꾼다면 적용할 수 있는 범위는 더욱 넓
어진다. 그래서 이를 잘 이용하면 상대의 상황을 손바닥 들여다보듯
파악할 수 있을 것이다.

손자의 '거꾸로 관찰법'은 자연의 운동 법칙이 만들어 낸 이중적
사고법을 바탕으로 삼고 있다. 사실 이러한 법칙은 노자(老子)로부
터 비롯된다. 노자는 우주의 만물이 대립되는 상태를 유지하고 있으
며, 우주의 운동은 원래 상태로 돌아가려는 성질이 있다고 했다.

겉(表)이 있으면 안(里)이 있지만 반드시 고정된 것은 아니다. 왜
냐면 양쪽 모두 변화하는 경향을 지녔기 때문이다. 한쪽으로만 보
면 진실을 볼 수 없으므로 반드시 양쪽에서 관찰하는 법칙을 따라
야 한다.

겉으로 드러나는 것만으로 진실을 알기 어려울 때는 다음의 원
칙을 통해 진위를 가려볼 수 있다.

1. 그럴 듯하게 꾸며대는 사람일수록 속 빈 강정일 확률이 높다.

2. 평소 가까이하기 어려운 사람이 갑자기 친절하게 굴면 다른 꿍꿍이가 있다는 뜻이다.

3. 자신을 과도하게 변호해주는 사람은 자신을 믿지 못하기 때문이다.

4. 큰소리치는 사람일수록 자신감이 없다.

일상 속에서 차분히 주변을 관찰하면 이와 비슷한 다양한 사례를 찾을 수 있다. 그런 점에서 거꾸로 관찰법은 상대의 성격을 파악하는 데 무척 유용하다. 장점의 반대가 곧 단점, 단점의 반대가 장점이기 때문이다.

누군가의 이야기에 바로 맞장구치는 사람은 대개의 경우 그 이야기대로 행동하지 않는다.

고대의 한 철학자는 100명 중에서 99명이 좋다는 사람은 경박한 편이거나 선견지명을 지녔거나 둘 중 하나라고 설명했다. 현대의 철학자 중에도 비슷한 견해를 들려준 경우가 있었다. "모두가 좋은 사람이라고 말하는 사람이 반드시 착한 사람이라고는 볼 수 없다. 판사의 재판에서 승소한 쪽은 판사를 훌륭하다고 칭찬하지만, 패소한 쪽은 판사를 맹비난할 것이다. 그렇다면 판사는 좋은 사람인가, 아니면 나쁜 사람인가?"

누군가를 판단할 때는 여러 관점에서 관찰해야 정확하게 파악할
수 있다.

08

무의미한 싸움을 멈춰라

가끔 자존심 대결을 하는 경우도 있지만 그보다는 '기 싸움'할 때가 더 많은 편
이다. 다른 사람과 말싸움을 즐기는 사람들도 있다. 그들은 상대가 뭐라고 하
든지 신경 쓰지 않고 오로지 상대의 의견을 반박할 뿐이다. 설령 자신의 주장
이 틀렸다고 해도 결코 자신의 잘못을 인정하고 상대에게 머리를 굽히는 법이
없다. 그렇게 되면 말싸움에서는 이겼을지는 몰라도 손에 잡히는 실질적인 결
과를 얻어낼 수 없다. 게다가 주변 사람들에게 반감을 심어줘 인간관계를 어
렵게 만들 수 있다.

힘겨루기의 어리석음을 보여주는 가장 전형적인 사례를 함께 살펴
보자.

멀쩡해 보이는 청년이 몸이 좋지 않다며 의사를 찾아왔다. 자세한
증상을 살펴보기 위해 의사는 청년을 일단 의자에 앉아보라고 했다.

"왜 앉아야 합니까? 앉지 않아도 되는 제 권리를 왜 빼앗으려는
거죠?"

의사는 다소 당황한 표정을 짓더니 컵에 물을 따라 환자에게 건
넸다.

"그럼 물이라도 드십시오."

"그렇게 일방적으로 말씀하시다니 무척 당황스럽군요. 모든 물

이 마실 수 있는 게 아니라는 것도 모르십니까? 물에 청산가리라도 탔는지 알 수 없잖아요?"

"독약을 타지 않았으니 안심하십시오!"

"누가 선생님이 독약을 탔다고 했나요? 제가 아무런 증거도 없이 선생님이 독약을 탔다고 했다는 겁니까? 설마 검찰청의 기소장에서 선생님이 독약을 탔다고 한 겁니까? 선생님이 독약을 탔다고 말한 적 없는데요. 선생님이 독약을 탔다고 제가 말했다고 하셨는데, 선생님이야말로 독약보다 훨씬 독한 분이네요!"

환자의 반응에 할 말이 사라진 의사가 한숨을 쉬며 화제를 바꿨다.

"오늘 날씨가 참 좋네요."

"흥, 말도 안 되는 소리 그만 하시죠! 이곳의 날씨가 좋다고 해서 전 세계 날씨가 좋다는 뜻은 아니지 않습니까? 예를 들면 북극은 오늘 날씨가 최악일지도 모르죠. 기나긴 밤 내내 차가운 바람이 불고, 빙하가 이리저리 부딪히면서……."

더 이상 참지 못한 의사가 여긴 북극이 아니라고 맞받아쳤다.

"그렇다고 해서 북극의 존재를 부정하시면 되겠습니까? 북극의 존재를 부정하신다면 진실을 왜곡하려는 행동인데…… 설마 다른 의도라도 있는 건가요?"

"됐습니다, 그냥 나가주십시오."

"제게 나가라고 명령할 권리는 없습니다. 여긴 경찰서가 아니라 병원이에요. 선생님은 절 체포할 수도 없고, 나가라고 할 수도 없습니다."

"……."

위의 이야기에 등장하는 환자는 전형적인 '시비꾼'이다. 이 이야기를 읽으면서 울지도 웃지도 못한 채, 우리는 그저 환자의 남다른 '언변'에 감탄하는 게 고작일 것이다. 밑도 끝도 없이 말꼬리를 잡으며 시비 거는 환자를 만난 의사의 심정이 어땠을지 생각해 볼 필요가 있다.

위의 이야기는 허구지만 우리 주변에서 이와 비슷한 사례는 비일비재하다.

일반적으로 중요한 일이나 원칙에 관한 문제에만 자신의 생각을 견지해야 한다. 그럴 상황이 아니라면 무의미한 말싸움을 피하는 게 상책이다. 필요하다면 시시비비를 가리는 것보다는 한발 물러나서 힘겨루기 대신 부드러운 말로 상대를 다독이는 편이 최선의 결과를 가져올 것이다.

프랭클린은 논쟁할 때 상대를 이기려고 하거나 상대에게 반기를 들었다가 승리할 때도 있지만 그것은 무의미하다고 지적했다. 왜냐면 더 이상 상대의 호감을 얻을 수 없기 때문이다.

다른 사람과 시시비비를 따지려고 할 때마다 상대는 자존심을 지키기 위해 일방적으로 당신에게 '시비'를 걸 수도 있다. 반대로 상대를 이해하고 관용을 베푼다면, 논쟁이 아닌 토론을 벌인다면 문제를 원만하게 해결할 수 있을 것이다.

힘 겨루는 대상은 타인이지만 실은 자신과 힘을 겨루는 것이다. 쓸데없는 싸움은 크게 두 가지 결과로 돌아온다. 타인과의 힘겨루기에서 패해 자신의 기분만 상하든지, 아니면 타인을 쓰러뜨려 상대의 기분을 상하게 하든지 할 뿐이다. 그러면 상대에게 좋지 않은 인상이나 적대감을 심어줄 수 있다.

적당한 거리를 유지하라

세상에 양면이 똑같은 잎사귀가 없는 것처럼 내 마음과 똑같은 마음은 존재하지 않는다. 부부만큼 친밀한 사이가 없다고 하지만 아무리 친한 사이에도 '간극'은 존재한다. 하지만 바로 그 간극 때문에 우리는 그 틈을 메우기 위해 평생 관계를 맺게 된다.

친목회를 찾은 남자가 우연히 한 여자를 알게 됐다. 친목을 다지기 위한 자리인 만큼 열린 분위기 속에서 두 사람은 마치 오래전부터 알고 있던 사이처럼 스스럼없이 이야기를 주고받았다. 두 사람은 마음이 잘 맞는 친구를 얻었다며 무척 즐거운 시간을 보냈다.

집에 돌아온 남자는 좋은 사람을 만났다는 즐거움에 취해 아내에게 오늘 있었던 일을 들려줬다. 그러다 보니 자신도 모르게 상대를 칭찬하는 말을 몇 마디 했는데, 뜻밖에도 부부싸움으로 이어지고 말았다. "어쩐지 요새 늦게 돌아오더라니, 알고 보니 새로 사귄 친구랑 노느라 그랬던 거였네! 친목회는 무슨, 결혼 중개소라고 불러야겠네!"

"응? 결혼 중개소? 참가자 대부분이 기혼자라고. 재혼 중개소라고 부르는 게 좀 더 정확할 것 같은데!" 남자는 나름 농담이라고 건넸지만 상황이 나아지기는커녕 점점 걷잡을 수 없이 악화되었다.

"진짜 그런 것 같네." 화가 잔뜩 난 아내가 비아냥거렸다. "이젠 마누라도 필요 없는 것 같으니 친목질 열심히 하라고요!"

"당신, 사람이 왜 그렇게 무식해? 거긴 그런 데가 아니라 어디까지나 순수한 친목을 다지는……."

"아아, 난 무식해요. 무식해서 당신이 뭐라고 하는지 하나도 못 알아듣겠으니까 고상한 사람들끼리 잘 지내봐요!"

화가 난 아내가 휙 하고 등을 돌리자, 남자도 왠지 모르게 화가 나기 시작했다. 자신은 남부끄러운 짓을 한 적도 없는데 사람을 오해한 것도 모자라 자신에게 왜 화를 낸단 말인가?

"그래, 당신처럼 무식한 사람은 나도 상대하기 싫어!"

이렇게 해서 누구의 잘못이라고 판단하기 어려운, 두 사람 사이의 갈등이 시작됐다.

이 일이 있은 후 남자는 아내에게 다른 여성에 대해 이야기하는 일이 줄어들었다. 설사 이야기하는 경우에도 신중하게 단어를 선택하곤 했다. 그 결과는 예상 밖이었다. 일단 두 사람 사이의 싸움이 눈에 띄게 줄어들었다. '적당한 거리'를 유지하는 게 다른 사람과 원만한 관계를 유지하는 데 훨씬 이롭다는 것을 남자는 깨달았다.

두 사람이 더 이상 언성을 높이며 싸우는 일은 없었지만 서로에 대한 관심이 사라지면서 소 닭 보듯 하는 일이 점점 늘어났다.

남자는 거리가 없었던 예전의 관계로 다시 돌아가려고 시도했지만 결국 실패하고 말았다. 두 사람 사이의 거리가 뛰어넘을 수 없을 만큼 크게 벌어졌기 때문이다.

이와 비슷한 이야기를 우리 주변에서 어렵지 않게 들을 수 있다. 현재 많은 가정, 특히 젊은 부부로 이뤄진 가정에서는 '과거의 연인', '다른 집 남자와 여자', '비상금과 돈' 문제가 부부싸움을 유발하는 '3대 뇌관'이라고 부른다. 이 때문에 부부싸움이 일어나기도 하고, 심한 경우 이혼이라는 파국을 불러들일 수도 있다.

부부 사이에 거리가 존재해야 하는 것일까? 평생을 함께 할 반려가 있지만 그래도 나만의 공간이나 시간이 있어야 하는 것일까?

이러한 물음에 신혼 부부 중 십중팔구는 남자의 초기 반응처럼 거리가 없어야 한다고 대답할 것이다. 부부일심동체라며 숨길 게 뭐 있냐고 쉽게 말한다.

하지만 말이 길어지다 보면 상대에게 본의 아니게 상처를 줄 수 있다. 짧은 말 한마디에도 상대의 감정을 건드린다면, 단순한 의견 충돌을 뛰어넘어 서로를 의심하고 깎아내리는 위험한 수위까지 발전할 수 있다. 뇌관이 터지면 연쇄 폭발하는 것처럼, 주변에 보이지 않았던 폭탄이 터지면서 갈등은 점점 불어나게 된다. 결국 평화롭고 행복했던 가정에서는 웃음소리 대신 서로를 쥐어뜯는 싸움소리만 들리게 될 것이다.

흔히 부부를 가리켜 일심동체라고 하지만 '독립연합체'라고 부르는 편이 더욱 현실적이다. 왜냐면 두 사람만으로 이루어진 좁은 세상에서 아무리 허물없는 일체라고 해도 두 사람은 언제나 독립적이고 저만의 개성으로 가득한 두 개의 인격체이기 때문이다. 생각하는 두뇌와 느끼는 심장이 엄연히 두 개씩 따로 존재하는 것이다. 내가 즐겁다고 해서 상대가 반드시 즐거우리란 법이 없고, 내가 원하는 것을 상대 역시 그대로 원할 것이라는 보장이 없다. 어떤 문제나 일에 대해서 해야 할 말이 있으면 반드시 하고, 해서는 안 되는 말이 있으면 침묵하는 편이 낫다. 부부 사이에 거리가 있다고 해서 애정이 식었다는 뜻으로 오해해서는 안 된다.

다행히 이야기 속 남자는 부부 사이에 거리가 없어야 한다는 자신의 잘못된 인식을 깨닫고 아내와 적당한 거리를 두면서 가정의 불화를 가라앉히고 차분한 관계로 발전할 수 있었다. 하지만 이 남자는 거리가 있어야 한다는 이야기를 또다시 잘못 이해하고 말았다. 두 사람의 거리가 멀어지면서 소통할 수 있는 기회 역시 사라지게 된 것이다. 그 결과, 이야기를 하는 사람과 이야기를 듣는 사람 모두 상대에게 '무관심'해지면서 싸울 일은 사라졌지만 서로에 대한 관심 자체가 사라진 무미건조한 가정생활을 보내야 했기 때문이다.

아무리 친밀한 부부 사이라고 해도 서로에게 새로운 공기를 맡을 수 있는 공간을 보장해 줘야 한다. 함부로 상대를 제 입맛에 맞게 바꾸겠다며 상대의 공간을 침범하지 않는 것은 물론, 상대의 독립적 인격, 남다른 개성과 적당한 자유가 보장된 생활권을 제공해야 한다.

유화그림을 감상할 때는 너무 가까이서 보면 전체적인 그림을 이해할 수 없고, 그렇다고 너무 멀리 떨어지면 무슨 내용인지 잘 보이지 않는다. 너무 가깝지도 않고 너무 멀지도 않은 적당한 거리에서 떨어진 채 감상해야 그림의 진가를 알아볼 수 있다.

그런 점에서 거리는 아름다움을 선사한다. 그렇다고 너무 멀리 떨어지지 마라! 안 그러면 당신이 고통과 혼란 속에 허덕일 때 상대가 내민 손을 쥘 수 없기 때문이다!

● OPEN YOUR EYES ●

가깝다고 다 좋은 것만은 아니다. 아무리 친한 사람도 자유롭게 숨쉴 공간이 필요하다. 서로에 대해 적당한 거리를 유지하는 것은 타인에 대한 존중이자 친밀한 관계를 안정적으로 유지할 수 있는 좋은 방법이다.

4장
사고의 함정을
극복하라

내 생각에 문제가 있다면
나 자신에게 문제가 있다는 뜻이다

생각할 수 있는 힘은 개인의 지적 활동이 이뤄지는 핵심이자, 지적 구조를
구성하는 핵심이다. 그런 점에서 개인의 성장과 발전에 지대한 영향을 끼친
다. 사고의 함정을 발견하고 제거한다면 놀라운 성장과 발전을 이룰 수 있다.

똑똑한 사람들의
어이없는 실수

자신에게 유리한 쪽을 선택하고 손해를 피할 줄 아는 '똑똑한 사람'은 언제나
위험이나 난처한 상황을 현명하게 피할 수 있을 것 같다. 하지만 이는 사람들
이 '똑똑한 사람'을 대할 때 쉽게 빠질 수 있는 함정이다. 사실 '지나치게 똑똑
한 사람'이 바로 그 '똑똑함' 때문에 엉뚱한 실수를 저지르는 경우가 많다.

미국 〈워싱턴 포스터〉지는 2007년 특별한 실험을 했다. 출근하는 직
장인들로 붐비는 아침 8시 워싱턴의 지하철역에 청바지와 야구 모
자를 걸친 평범한 청년이 모습을 드러냈다. 바이올린을 꺼내든 청년
은 바쁘게 오가는 사람들을 위해 음악을 연주하기 시작했다. 연주곡
은 바흐의 유명한 무반주곡 '바이올린 소나타'였는데, 바이올린 연
주곡 중에서도 난도가 높기로 유명한 곡 중 하나였다. 청년은 40분
가까이 연주했지만 발걸음을 멈춘 채 그의 연주에 귀를 기울이는 사
람은 단 한 명도 없었다.

　야구 모자를 쓴 청년은 사실 세계를 무대로 활동하는 유망한 바
이올린 연주자로, 그가 연주한 바이올린의 가격은 무려 350만 달러

에 달하는 명품이었다. 세계에서 내로라하는 무대에서 연주하는 그의 연주회 티켓은 쉽게 살 수 없을 만큼 귀한 것이었다. 한 마디로 말해서 그날의 지하철 연주회는 세계 최정상 연주자의 독주회였다. 하지만 지하철역을 오가는 사람들로부터 우레와 같은 박수는커녕 관심 어린 눈길도 받지 못했다. 청년의 남다른 연주 실력을 알아챌 안목이 없었기에, 귀한 연주를 사람들은 공짜로 즐기지 못했다.

그 이유는 무엇일까?

평범한 길거리 예술가처럼 보이는 청년은 분명 예사롭지 않은 실력으로 수준 높은 연주를 선사했지만 행인들은 청년의 옷차림과 지하철이라는 외형만 보고 별 볼일 없는 그저 그런 수준의 공연이라고 평가 절하한 것이다.

이처럼 수많은 '똑똑한 사람'들은 외부적인 요소만 보고 사람이나 사건의 가치를 평가한다. 과거에 미국의 유명한 사기꾼이 500억 달러를 챙길 수 있었던 이유도 여기에 있다. 나스닥(NASDAQ)의 전 의장으로, 주요 은행의 고위층을 상대했다는 이야기에 많은 이들이 앞다투어 달려가 그에게 돈을 건넸다. 사람들은 치열한 경제 상황 속에서 엄청난 수익률을 어떻게 보장할 수 있는지 짚고 가야 한다는 사실을 완전히 놓치고 말았다.

그렇다면 '똑똑함'에 속아 엉뚱한 실수를 저지르는 확률을 어떻게 낮춰야 할까? 다음의 내용이 참고가 되기 바란다.

첫째, 첫인상이 틀릴 수도 있다는 것을 명심하라

그날 오후, 한 청년이 어느 회사의 최종 면접에 참가했다. 최종 면접관은 이 회사의 사장. 면접이 거의 끝나갈 무렵 온몸이 땀투성이가 된 청년이 헐레벌떡 면접장에 모습을 드러냈다. 사장은 자신의 맞은편에 앉은 청년을 찬찬히 살펴보기 시작했다. 이마에서 땀이 뚝뚝 떨어지는 것도 모자라, 시뻘겋게 달아오른 얼굴에 구깃구깃한 더러운 셔츠까지 입은 그의 모습에 눈살이 절로 찌푸려졌다. 까치집이 된 그의 머리를 보던 사장이 궁금하다는 듯 입을 열었다. "대학원생인가?" 마치 그의 학력을 믿을 수 없다는 듯한 말투였다. 그 말에 청년은 겸연쩍은 표정으로 그렇다며 고개를 끄덕였다. 여전히 의심을 내려놓을 수 없던 사장은 청년에게 전문적인 문제를 연거푸 냈는데, 그는 침착한 표정으로 구체적인 예시까지 들며 조목조목 대답했다. 고민 끝에 사장은 이 청년을 고용하기로 결정했다.

이튿날, 사무실에 첫 출근한 청년을 사장이 부른 뒤 조용히 입을 열었다. "자네를 처음 봤을 때 면접에서 떨어뜨릴 생각이었네. 왠지 아나?" 사장은 거침없이 말을 쏟아냈다. "어제 면접장에서 본 자네의 모습은 면접자로서 최소한의 예의도 갖추지 않은 상태였지. 땀투성이에다 엉망인 머리, 특히 자네가 입었던 구겨진 셔츠는 단연 압권이었네. 그것만 봐도 면접을 보러 온 사람 같지 않더군. 대학원생은 무슨, 할 일 없이 혈기만 넘치는 허세덩어리로 보이더군. 솔직히 말해서 자네 첫 인상은 최악이었네. 내 질문에 제대로 된 답을 들려주지 않았더라면 자네는 면접에서 떨어졌을 거야."

그 이야기에 얼굴을 붉히면서 청년은 전날 있었던 일을 들려주기 시작했다. "어제 면접장으로 오던 길에 대로에서 교통사고가 났습니다. 그래서 운전기사와 함께 다친 승객을 구조한 뒤에 병원으로 데려다 줬습니다. 병원에서 나오는 길에 옷에 핏자국이 묻은 걸 보곤 옷을 갈아입으러 집으로 달려갔습니다. 그런데 하필 빨아둔 옷이 없어서 어쩔 수 없이 구겨진 셔츠를 입어야 했죠. 그러다 보니 면접 시간에 늦어서 죽기 살기로 달려왔습니다. 덕분에 면접장에는 아슬아슬 도착할 수 있었지만 그만 꼴이……."

그제야 사정을 알게 된 사장은 고개를 끄덕였다. "곤경에 처한 사람을 도울 줄 아는 걸 보니 인성이 바른 친구로군. 그래도 앞으로 낯선 사람을 처음 만날 때는 첫인상에 신경 쓰는 게 좋을 거야. 하마터면 첫인상 때문에 자네를 떨어뜨릴 뻔했으니 말이야."

둘째, 사실을 확인한 뒤에 결론을 내려라

잡지사에서 기자로 활동하는 긱스는 어느 날 우연히 백발이 성성한 노인이 자신의 문 앞에 앉아 있는 모습을 발견했다. 얼굴과 목의 주름, 검버섯으로 보아 나이가 무척 많은 어르신이 분명했다. 장수의 비결과 같은 글은 독자들로부터 항상 반응이 좋았던 터라 긱스는 장수의 비결을 묻고자 인터뷰에 나서기로 했다.

긱스는 정중하지만 친근감 있는 말투로 입을 열었다.

"실례합니다. 혹시 저와 이야기 좀 하실 수 있을까요?"

"좋소, 마침 무료하던 참에 잘 됐소. 요새 통 바빠서 제대로 쉴 시간이 없었는데, 간만에 푹 쉬면서 노는 것도 괜찮을 테니."

"열심히 일하고 열심히 운동하면 장수하는 데 도움이 된다고 하던데 어떻게 생각하시나요?"

"그거야 당연하지 않겠소? 요새 걷는 속도가 조금 느려지긴 했지만 그래도 아직 체력은 쓸 만하니까……."

골초인 긱스가 담배를 펴도 되냐고 정중하게 물었다.

상관없다는 상대의 말에 긱스는 다소 겸연쩍은 표정을 지었다.

"한 대 권하고 싶지만 왠지 담배도 안 하시고, 술도 안 하실 것 같아서……."

"후후, 오히려 정반대라오. 담배도, 술도 누구한테 진 적 없거든, 요새는 날마다 춤추러 다니느라 바빴지."

"평생 그렇게 사신 겁니까?"

"당연한 걸 왜 묻는 거요? 그렇게 놀랄 만한 일은 아닌 것 같은데."

"아뇨, 사람들은 담배나 술, 춤 같은 격렬한 운동이 건강에 안 좋다고들 하지 않습니까?"

"무슨 말도 안 되는 소리!"

"신기하네요, 대체 그동안 어떻게 지내셨길래 아직도 정정하신 건가요? 실례지만 올해 연세가 어찌 되십니까?"

그 말에 상대는 불쾌한 표정을 지으며 입을 열었다. "올해 스물

일곱 살이오!"

셋째, 자신의 능력을 객관적으로 파악한 뒤에 판단하라

연못에 청개구리 두 마리가 살고 있었다. 무더운 여름에 연못물이 다 말라버리자 청개구리들은 살 수 있는 곳을 찾아 연못을 떠나기로 했다.

청개구리들은 깊은 우물을 찾아냈고, 그중 한 마리가 우물에 물이 많다며 여기서 지내자고 권유했다.

그러자 또 다른 한 마리가 우물물이 다 말라버리면 기어 올라올 수 없으니 다른 곳을 찾자고 했다.

그렇다! 유혹에 맞닥뜨렸을 때, 아무 생각 없이 행동한다면 온갖 함정에 빠질 수 있다. 심사숙고한 뒤에 행동해야 불필요한 함정을 피할 수 있다.

● OPEN YOUR EYES ●

아무리 똑똑한 사람이라도 때로는 실수를 저지를 수 있다. 자신이 실수를 저지른 원인을 알게 됐다면 의식적으로 그 분야의 능력을 키우도록 노력을 기울여야 한다. 그래야 손실을 최소화할 수 있다.

생각이 지나치게 많아도 병

현대인은 '만약 ○○하면 어떻게 하지?'라는 지나친 고민으로 자신의 삶을 채우려 한다. 이는 사고 과정에서 우리가 쉽게 빠질 수 있는 함정이다. 자신이 사고의 함정에 빠졌는지, 초심을 잃지 않았는지 찬찬히 생각해보라. 고민하는 태도가 잘못된 것은 아니지만 지나친 생각은 실천을 방해하는 걸림돌이 될 수 있다.

셰익스피어는 시간에 대해 이렇게 말했다. "시간은 돈이 아니다. 한 번 잃어버리면 되찾을 수 있는 물질도 아니다. 일단 시간을 잃고 나면 영원히 이별해야 한다. 가장 무서운 사실은 시간이 당신의 곁을 떠날 때 당신에게서 가장 소중한 재산인 청춘과 생명을 모두 훔쳐간다는 것이다!" 그의 말은 또 다른 관점에서 보자면 기회가 왔을 때 망설이지 말고 잡아야 하고, 과감하게 결단을 내려야 한다는 것이다.

살아가면서 우리는 많은 기회를 만나게 된다. 기회를 잡으면 전혀 새로운 세상을 만나게 되겠지만, 어렵사리 찾아온 기회 앞에서 망설인다면 기회를 놓치는 것은 물론 성공과 멀어지게 된다.

인도의 유명한 철학자는 태어날 때부터 학자 특유의 매력으로 수많은 여인의 마음을 흔들어 놓았다.

어느 날, 한 여인이 그의 집 대문을 두드리며 소리쳤다. "절 아내로 맞이해 주세요! 절 놓치면 평생 저보다 당신을 더 사랑할 여인을 만나지 못할 테니까요!" 철학자는 여인이 마음에 들었지만 좀 더 생각해보겠다며 한 발 물러섰다.

그 후 철학자는 연구 정신을 십분 발휘하면서 결혼과 비혼(非婚)의 장단점을 분석하며 목록을 작성하기 시작했다. 그런데 분석 결과 결혼과 비혼의 장단점 항목의 수가 모두 똑같은 것이 아닌가! 어느 쪽을 선택해야 할지 고민에 빠진 철학자는 새로운 이유를 계속해서 찾아냈지만 그때마다 선택의 어려움만 가중될 뿐이었다.

그 후로도 꽤 오랜 동안 연구한 끝에 그는 하나의 결론에 도달했다. 선택의 기로에 놓였을 때, 이러지도 저러지도 못할 때는 경험해보지 않은 쪽을 선택하는 편이 현명하다는 것이었다. 비혼의 삶에 대해서는 누구보다도 잘 알고 있지만 결혼한 후의 삶이 어떤지 모른다는 생각에 철학자는 여인의 청혼을 받아들이기로 결심했다.

여인의 집을 찾아간 철학자는 여인의 아버지에게 오랜 시간 고민한 끝에 여인을 아내로 받아들이기로 결심했다는 이야기를 들려줬다.

그 말에 여인의 아버지는 냉랭한 표정을 지으며 입을 열었다. "그럴 거였으면 10년 전에 찾아왔어야지, 지금 딸아이는 세 아이의 어미라오!"

그 말에 철학자는 큰 충격을 받았다. 자신을 향해 구애하던 여인이 변심해서 다른 사내와 결혼했다는 사실에, 도도한 태도를 유지하던 철학자는 여인을 원망하며 자신의 늦은 선택을 후회했다. 철학자는 그때의 충격으로 몸져누운 후 심한 우울증을 앓게 됐다. 죽음을 앞둔 그는 자신이 평생 심혈을 기울여 쓴 책을 몽땅 불태우고는 삶을 위한 조언을 남겼다. "인생의 철학을 둘로 나눈다면 하나는 망설이지 말라는 것이고, 나머지 하나는 후회하지 말라는 것이다."

인생을 마주할 때는 과감한 결심과 함께 영원히 후회하지 않을 용기가 필요하다.

많은 사람이 평생을 괴로움에 몸부림치다가 아무런 성과도 내지 못하는 것은 중요한 순간에 기회를 잡지 못했기 때문이다. 패자의 묘비에는 '너무 늦었다!'는 후회의 문장이 쓰여 있을 뿐이다. 몇 분, 심지어 몇 초 차이로 승자와 패자가 갈리고, 성공과 실패가 결정된다. 하지만 그에 따른 결과는 하늘과 땅 차이다.

살아가면서 많은 사람이 제대로 기회를 발견하거나 포착하지 못한다. 눈앞에서 기회를 발견하고도 우유부단한 자세를 취한다. 간신히 마음을 굳혔을 때는 이미 기회는 멀찍이 사라진 뒤다. 많은 기회가 찾아오지만 유약한 성격 탓에 절호의 기회를 놓치고 만다. 그런 사람은 자신을 믿지 못하고 주변 사람으로부터 신뢰도 받지 못한다. 그 때문에 다른 사람의 눈에 들지 못해 평생 성공과 담 쌓은 채 살아가게 된다.

뭔가를 이루고 싶다면 사사건건 계산기를 두드리지 말고 완벽함
도 추구하지 마라. 자신의 원칙을 고수하며 원하는 목표를 향해
과감하게 선택하고 용감하게 달려들어라.

막히면 돌아가라

구불구불 흐르는 황하(黃河) 강은 물길을 내기 위해 유유히 흐르다가도 막다른 길에 이르면 돌아간다. 앞으로 나아갈 수 없다면 뒤로 한 발 물러서도 된다. 성공은 사고의 전환에서 비롯된다.

우리 주변에는 생활에 영향을 주는 다양한 사고방식이 존재한다. 깊이 있는 사고는 사물에 대한 심오한 인식과 이해를 가리키는 것으로, 성공의 필수조건이다. 성공한 사람들 중 상당수는 사고에 특화된 두뇌를 지녔다. 그들의 사고방식을 이해하지 못할 때도 있지만 바로 그러한 사고가 출중한 업적을 만들어 낸다.

사람들은 문제를 해결할 때 딜레마에 빠지곤 하는데 이는 단편적인 관점에 치우쳐 생긴 현상이다. 자신의 생각을 바꿀 수 있다면 상황도 바뀔 것이고 톡톡 튀는 아이디어도 제시할 수 있을 것이다. 기억하라, 관점을 조금만 바꿔도 새로운 아이디어가 끝없이 솟아날 것이다.

여기 12달러를 획득할 가능성을 100% 가진 A, 15달러를 가질 확률이 85%인 B가 있다(아무것도 얻지 못할 확률은 15%이다). 이러한 상황에서 위험을 무릅쓰고 15달러를 갖는 것보다 그보다는 작지만 100% 확실하게 12달러를 획득하는 쪽이 훨씬 안전하다. 이번에는 관점을 바꿔 다음과 같은 상황을 가정해보자. 즉 12달러를 잃을 가능성이 100%인 A, 15달러를 잃을 확률이 85%인 B(아무것도 잃지 않을 확률은 15%이다). 위의 상황에서 사람들은 아무것도 잃지 않을 수 있다는 생각에 아마도 후자를 선택할 것이다.

이러한 가정을 통해 우리는 평소 사람들이 적극적으로 혁신하지 않는 이유를 알 수 있다. 즉 사람들은 습관적으로 손해 볼 수 있다는 두려움에 과감히 현실을 바꾸지 못한다.

아인슈타인은 과거의 문제를 새로운 관점에서 파악하려면 혁신적인 상상력이 필요하다고 말했다. 이러한 혁신이 과학의 발전을 이끈다는 그의 주장처럼 혁신적인 해결책은 관점을 바꿔 문제를 파악하는 데서부터 출발한다. 최첨단 과학의 발명 역시 이러하다.

보통 사람이 문제를 이해하는 관점을 바꿀 수 있다면 과학자 못지않은 새로운 이론을 밝혀낼 수도 있다.

대기업에서 임원으로 일하는 마이크는 자신의 일을 사랑했을 뿐만 아니라, 좋아하는 하는 일을 하면서 월급까지 받았다. 지금처럼만 한다면 연봉도 꾸준히 인상될 예정이었다. 하지만 그는 사장과

관계가 무척 좋지 않았다. 오랫동안 묵묵히 참아왔지만 더 이상은 참을 수 없다는 생각에 그는 헤드헌터의 사무실 문을 두드렸다. 고위 임원으로 일할 수 있는 다른 회사를 찾기로 결심한 것이다. 하지만 헤드헌터는 마이크의 현재 조건이나 스펙으로는 기존과 비슷한 일을 구하기 쉽지 않을 거라고 충고했다.

그날 저녁 집으로 돌아온 마이크는 아내에게 오늘 있었던 일을 들려줬다. 교사였던 마이크의 아내가 입을 열었다. "오늘 학교에서 아이들에게 문제를 새롭게 정의하는 법을 가르쳐 줬어요. 현재 눈 앞에 있는 문제를 관점을 바꿔 살펴보는 거죠, 이를테면 문제를 완전히 뒤집어 엎어놓고 이해하는 것도 좋아요. 중요한 것은 기존과는 다른 관점 그리고 다른 사람과는 다른 관점에서 문제를 이해해야 하는 거죠." 아내의 이야기에 눈치 빠른 마이크가 잠시 고민에 빠지는가 싶더니 이내 과감한 발상을 떠올렸다.

이튿날 헤드헌터의 사무실을 다시 찾아간 마이크가 자신이 아닌 사장을 위한 일자리를 알아봐 달라고 했다. 얼마 지나지 않아 마이크의 사장은 헤드헌터로부터 다른 회사에서 일해 보지 않겠냐는 전화를 받았다. 자신의 부하직원이 헤드헌터와 세운 계획이라는 것을 꿈에도 알지 못했지만 사장은 무척 기뻐했다. 사실 지금 하는 일에 꽤 싫증이 난 터라 사장은 스카우트 제의를 받자마자 다른 곳으로 이직했다.

이직한 사장을 대신해 마이크가 그의 자리에 앉는 게 이야기의하이라이트다.

문제를 마주할 때는 문제를 정면으로만 바라볼 것이 아니라, 자신의 잠재된 지혜를 최대한 발휘해 측면, 또는 정반대에서 문제를 해결할 수 있는 방법을 찾아야 한다. 이를 통해 전혀 획기적인 대책이 마련될 수 있는 것이다.

말하는 습관을 바꾸는 것도 사실상 생각을 바꾸는 것과 다름없다. 살아가면서 겪게 되는 수많은 사건과 복잡한 상황 속에서 상투적인 생각이 통하지 않을 때는 자신의 생각을 바꾸는 것도 좋다. 평소와 다른 관점에서 문제를 들여다보면 평소에 전혀 알지 못했던 길이 보일지도 모르기 때문이다.

같은 고향 출신인 두 청년이 외지로 나가 돈을 벌겠다며 기차역을 찾았다. 한 명은 상하이, 나머지 한 명은 베이징으로 가는 표를 샀다. 기차를 기다리던 두 청년은 옆에 있던 사람들이 하는 이야기를 듣고는 생각을 바꿨다. 상하이 사람은 얼마나 깐깐한지 길을 물을 때도 돈을 줘야 한다는 게 아닌가! 이에 반해 베이징 사람은 검소한데다 인정이 많아 굶는 사람을 보면 먹을 것도 주고, 헐벗은 사람에게는 옷도 벗어 준다고 했다. 원래 상하이에 가려던 청년은 돈을 벌지 못해도 베이징에 가면 굶어 죽을 일은 없겠다며 베이징으로 행선지를 바꿨다. 반대로 베이징으로 가려던 청년은 상하이로 가기로 마음을 바꿔 먹었다. 길을 알려만 줘도 돈을 벌 수 있다니 무슨 일을 해도 돈을 벌 수 있을 거라고 생각했기 때문이다. 두 청년은 서로 열차표를 바꾸고 각자의 목적지를 향해 떠났다.

베이징으로 간 청년은 자신의 선택이 탁월했다고 판단했다. 빈털터리로 베이징에 갔지만 굶는 일은 거의 없었기 때문이다. 목이 마를 때는 은행에 있는 식수를 공짜로 마실 수도 있었고, 대형 상가를 돌아다니며 공짜 시식을 즐길 수 있었기 때문이다. 한편 상하이에 간 청년은 상하이에서 뭘 하든 돈을 벌 수 있다는 사실을 발견했다. 세숫물을 받아다 줘도 돈을 벌 수 있고, 화장실만 치워도 돈을 벌 수 있었기 때문이다. 어릴 때부터 줄곧 흙을 가까이서 만지고 자란 터라 청년은 흙을 이용한 새로운 사업 구상을 떠올렸다. 건축 현장에서 모래와 나뭇잎이 섞여 있는 흙 10포대를 산 뒤 '화훼용 흙'이라는 이름을 내걸고 꽃을 즐겨 심는 상하이 사람들에게 팔기 시작한 것이다. 하루 장사만으로 짭짤하게 수입을 올리던 청년은 자신의 선택을 확신하며 본격적으로 사업에 뛰어들었다. 그로부터 1년이 지난 뒤 청년은 화훼용 흙을 전문으로 취급하는 작은 가게를 차렸다.

그곳에서 장사를 하던 청년은 가게 맞은편 건물의 간판이 죄다 먼지를 뒤집어 쓴 채 시커멓게 변한 모습을 발견했다. 주변 사람들한테 자세한 사정을 물어보니, 원래 건물에서 고용하던 청소업체가 건물 내부만 청소했지 간판을 치우지 않았다는 것이 아닌가! 그 말에 청년은 건물 간판만 청소하는 작은 청소업체를 차렸다. 그 결과, 청년은 직원 150여 명을 거느린 사장이 되어 상하이를 거점으로 다른 도시로 사업을 확장했다. 얼마 뒤 시장 조사 차원에서 베이징을 찾은 청년에게 기차역에서 쓰레기를 줍는 노숙자가 빈 병을 달라며 다가왔다. 청년이 빈 병을 내민 순간, 두 사람은 서로의 모습을 확인하고는 아무 말도 하지 못했다. 쓰레기를 줍던 노숙자는 5년 전 열차표를 바꿨던 청년이었다.

상하이 사람이 깐깐하다는 누군가의 이야기에 한 청년은 지레 겁을 먹고 원래 목표를 포기했다. 하지만 다른 청년은 작은 것 하나 허투루 다루지 않는 상하이에서 성공할 수 있을 거라고 확신했다. 서로 다른 관점과 생각의 차이가 전혀 다른 결과를 만들어냈다.

한 가지 관점에서만 문제를 파악하면 막다른 길에 도달하기 쉽다. 그럴 때는 관점을 바꿔보라. 생각지도 못한 수확을 할 수도 있다.

한 독일인이 종이를 제작하다가 실수로 쓸 수 없는 폐지를 대량 만들어내고 말았다. 이 때문에 회사에서 쫓겨난 남자는 실의에 빠진 채 시간을 보내고 있었다. 그런 남자가 안쓰러웠던 친구가 실수에서 쓸 만한 단서를 찾을 수 있을지도 모른다며 기운차리라고 위로했다. 얼마 뒤 남자는 자신이 잘못 만든 종이가 물을 쉽게 흡수한다는 사실을 발견하고는 집 안에 있는 용품을 총동원해 직접 실험하기에 이르렀다. 그는 자신의 '실패작'을 특허로 신청하고 공장을 세운 뒤 큰돈을 벌었다. 한 순간의 실수로 회사에서 쫓겨났지만 남자에게는 결과적으로 전화위복이 된 셈이었다.

그래서 정반대의 관점에서 문제를 파악하고, 실수 속에서 단서

를 찾아낼 수 있다면 남에게 끌려 다녀야 하는 수동적인 처지에서
벗어날 수 있다.

말하는 습관을 바꾸면 다른 세상을 만날 수 있고, 생각하는 습관
을 바꾸면 세상을 만들 수 있다. 곤경에 처하거나 위태로울 때, 혹
은 위기에 대처할 능력이 없다고 판단될 때는 기존의 낡은 방법,
습관대로 움직일 것이 아니라 또 다른 길은 없는지, 또 다른 관점
에서 문제를 이해할 수 있는 여지가 있는지, 기존의 케케묵은 방
법을 바꿀 수 있는 아이디어가 있는지 살펴야 한다. 그렇게 사고
해야만 문제를 해결할 수 있는 길을 찾고, 성공적인 인생을 거머
쥘 수 있을 것이다.

급하게 먹으면 체한다

새로운 정보를 접할 때는 서두르지 않는 것이 좋다. 아무리 좋지 않은 내용이라고 해도 서두르게 되면 대뇌 신경세포가 크게 활성화되어 쉽게 잘못된 결론을 내릴 수 있기 때문이다.

밴더빌트 대학교(Vanderbilt-University)의 신경정신학과에서 한 실험이 진행되었다. 히말라야 원숭이 두 마리에게 글자 찾기 놀이를 훈련시킨 다음 컴퓨터 화면에서 'T'를 잔뜩 띄워놓은 뒤 그 안에서 'L'자를 찾거나, 반대로 'L'자 사이에서 'T'를 찾는 방식이었다. 게임은 속도와 정확성을 겨루는 두 가지 방식으로 진행됐다. 정확한 글자를 빨리 찾는 쪽이 오렌지 주스를 먹을 수 있었다. 시간은 무제한이지만 오답을 골랐을 때는 주스를 먹을 수 있는 기회를 상실하는 식이었다.

히말라야 원숭이들이 게임을 하는 동안, 연구원들은 그들의 대뇌 전두엽의 피질에 분포한 뉴런의 활동성을 기록했다. 연구를 통해 연구자들은 히말라야 원숭이가 속도를 겨루는 게임을 치러야 한다는 사실을 알았을 때 전두엽 피질에 분포한 뉴런의 활동량이 게임을 시작하기 전보다 왕성해진다는 사실을 확인했다. 기차가 출발하기 전에 엔진을 예열하는 것처럼, 게임을 하는 동안 원숭이들의 대뇌에서 시각을 담당하는 뉴런이 평소보다 눈에 띌 정도로 왕성하게 활동하기 시작했다. 이와 달리 정확성을 겨루는 게임에서는 대기 중인 원숭이들의 뉴런 활동이 매우 낮은 수준까지 떨어졌다.

대뇌가 민감하게 반응한다고 해서 크게 문제가 될 것은 없다. 다만 대뇌에 전달된 정보가 사실이 아닐 경우 정보를 엉뚱하게 판단하거나 심지어 오답을 정답으로 인식할 수도 있다.

어느 날 GM의 폰티악(Pontiac) 부서는 고객으로부터 다음과 같은 내용의 항의서를 받았다.

'이게 제가 귀사에 보내는 두 번째 편지입니다만, 여러분이 제 편지에 회신하지 않았다고 해서 원망하지는 않아요. 왜냐면 제가 생각해도 남들이 저더러 미쳤다고 하는 게 당연하니까요. 하지만 이건 정말 사실입니다!

우리 집은 매일 저녁 식사를 마친 뒤에 디저트를 먹으러 아이스크림 가게에 가곤 한답니다. 아이스크림 맛이 원체 여러 개라서 매일 식사를 마친 후 오늘은 어떤 맛을 먹을지 투표를 하죠. 결론이 나오면 차를 몰고 가게로 갑니다. 그런데 최근에 제가 폰티악을 구매

한 뒤로 아이스크림 가게에 가는 일에 문제가 생기고 말았습니다. 그거 아시나요? 제가 아이스크림 가게에서 바닐라를 살 때마다 가게 앞에 세워둔 차에 시동이 걸리지 않아요! 다른 맛을 살 때는 아무렇지도 않은데……. 장난이 아니라, 정말 진지하게 쓰는 겁니다. 이상하게 들리겠지만 바닐라 아이스크림을 살 때 왜 시동이 걸리지 않는 겁니까? 아이스크림 냄새를 맡을 수 있는 것도 아닌데 대체 이유가 뭡니까?'

폰티악 부문의 사장은 아무래도 장난편지인 것 같다고 의심했지만 혹시나 하는 마음에 엔지니어를 파견했다. 편지를 보낸 차 주인을 찾아간 엔지니어는 자신의 예상과 달리 상대가 성공한 사업가에다 고등교육을 받은 사람이라는 사실에 꽤 놀란 눈치였다. 편지에 쓰인 대로 저녁 식사 무렵에 찾아갔던 터라 엔지니어는 차 주인과 같이 차를 타고 아이스크림 가게로 향했다. 그날 저녁의 투표 결과는 바닐라 아이스크림이었다. 그런데 차 주인이 가게에서 바닐라 맛 아이스크림을 사서 차에 오른 순간 엔진이 툴툴거리면서 시동이 안 걸리는 것이 아닌가!

그 후 두 사람은 3일 동안 실험에 나섰다. 초콜릿 아이스크림을 산 첫날에는 자동차 시동에 아무런 문제도 없었다. 딸기 아이스크림을 산 둘째 날도 매한가지였다. 하지만 바닐라 아이스크림을 산 셋째 날에는 또다시 시동이 걸리지 않았다.

논리적인 엔지니어는 자신이 두 눈으로 직접 보고도 도저히 사실을 믿을 수 없었다. 문제를 해결하기 위해 엔지니어는 실험을 계속했다. 처음부터 지금까지 자신이 목격한 상황을 자세히 기록하기 시작했다. 문제가 일어난 시간대, 휘발유의 종류, 운행 시간 등등. 이러한 자료를 토대로 그는 한 가지 결론에 도달할 수 있었다. 차 주인이 바닐라 맛 아이스크림을 사는 데 걸리는 시간이 다른 맛을 살 때보다 훨씬 짧다는 것이었다.

원인은 아이스크림 가게 내부 시설에 있었다. 바닐라 맛 아이스크림이 가장 잘 팔리기 때문에 가게 주인은 손님들이 빨리 아이스크림을 받아갈 수 있도록 바닐라 맛만 다른 냉장고에 단독 보관했다. 가게 앞쪽에 설치해 둔 냉장고 덕분에 바닐라 아이스크림은 빠르게 살 수 있었고, 계산대에서 멀찍이 떨어진 뒤쪽에 있는 다른 맛 아이스크림을 사려면 시간이 좀 더 걸리곤 했다.

다른 맛 아이스크림을 살 때는 시간이 오래 걸리기 때문에 엔진이 충분히 식은 상태에서 다시 시동을 걸어도 아무런 문제가 없었다. 하지만 바닐라 아이스크림을 살 때는 엔진이 여전히 과열된 상태에서 작동하는 바람에 시동이 제대로 걸리지 않았던 것이다.

• OPEN YOUR EYES •

대부분의 실수는 성급함에서 비롯된다. 마음을 차분히 가라앉히기만 해도 문제를 정확히 파악하고 판단할 수 있다.

침착하게 생각해라

미국의 한 유명한 행동학자는 이렇게 말했다. "다른 사람에게서 받는 데 익숙
해지면 아무런 발전도 얻지 못한다. 스스로 머리를 굴려 생각해야만 자신의 행
동을 결정할 수 있다. 어떤 의미에서 사고가 운명을 결정한다고 할 수 있다."

올해 열여섯 살인 프레디는 여름방학이 되기 전에 아빠에게 이번 방
학 때는 용돈을 주지 않아도 된다며, 자신의 힘으로 돈을 벌고 싶다
고 말했다. 아들의 갑작스러운 제의에 프레디의 아버지는 꽤 놀란
표정을 짓더니 이내 침착하게 고개를 끄덕였다.

"알았다, 내가 일자리를 알아봐 주마. 요샌 일자리가 많이 부족
한 터라 쉽지는 않을 거다."

"제 말 뜻을 제대로 이해하지 못하신 것 같은데 아빠한테 일자리
를 알아봐 달라고 부탁하는 게 아니에요. 제 스스로 일할 곳을 찾을
거예요. 그리고 그렇게 부정적으로 생각하지 마세요. 일자리가 부족
하다고 해도 전 반드시 일자리를 찾을 거니까요. 어떤 사람들은 언

제나 일할 곳이 넘쳐나거든요."

"그런 사람들이 대체 누구란 말이냐?"

"머리를 굴릴 줄 아는 사람들이오!"

프레디는 '구인란'을 샅샅이 훑으며 자신의 전공에 맞는 일자리를 찾았다. 광고에서는 이튿날 아침 8시까지 42번가로 오라고 적혀 있었다. 프레디는 8시가 되기 전인 7시 45분에 약속 장소로 달려갔다. 그리고 그곳에서 자신보다 먼저 와서 기다리고 있던 스무 명의 소년들을 발견했다.

스무 명이나 되는 경쟁자를 제치고 일자리를 차지하려면 어떻게 해야 할까? 지금 프레디가 할 수 있는 일이라고는 한 가지, 즉 머리를 굴려서 기회를 잡는 것뿐이었다. 그래서 프레디는 가장 괴로우면서도 가장 즐거운 작업인 '사고'에 착수했다.

금세 해결책을 떠올린 프레디가 종이를 꺼내 뭔가를 적은 뒤 잘 접어서 비서에게 건넸다. "이 메모를 사장님에게 꼭 전해 주세요, 중요한 내용이에요."

노련한 비서는 원래 자리로 돌아가라고 말하려다가 그만두었다. 자신감 넘치는 프레디의 모습에서 보통내기가 아니라는 것을 직감적으로 깨달았다.

프레디의 종이를 펼쳐본 비서의 얼굴에 환한 미소가 떠올랐다. 그녀는 사장실로 들어가 메모를 건넸다, 비서로부터 프레디의 메모를 건네받은 사장이 그 내용을 읽더니 크게 너털웃음을 터뜨렸다.

대체 뭐라고 적혀 있었던 것일까? '사장님, 전 21번째로 서 있어요. 그러니까 절 보시기 전에 절대로 결정하시면 안돼요!'

프레디는 일자리를 얻었을까? 그야 물론이다. 왜냐면 일찌감치 머리 쓰는 법을 알았기 때문이다. 머리를 써서 생각할 줄 아는 사람은 언제나 기회를 잡을 수 있다.

21번째로 서 있던 프레디에게는 내세울 만한 어떠한 장점도 없었다. 하지만 머리를 쓴 결과, 경쟁에서 유리한 고지를 점하는 데 성공했다.

정확한 사고는 몇 가지 성공적인 원칙의 큰 영향을 받는다. 이를테면 명확한 목표, 신속한 결단력, 적극적인 태도 등이 그러하다. 이러한 원칙은 집중력을 키우는 데도 커다란 영향을 끼친다. 이러한 성공의 원칙을 통해 집중적으로 노력할 수 있기 때문이다.

자신에 대해 정확하게 사고할 수 없는 사람은 크게 좌절한 후에는 더더욱 정확하게 사고하기 어렵다. 이에 반해 자신의 문제를 발견하고 극복한 사람은 어떤 삶을 마주하게 될 것인가?

이제부터 '사고의 사각지대'에 관한 이야기를 함께 살펴보자.

한 교수가 학생들에게 다음과 같은 문제를 냈다. '언어 장애인이 못을 사러 철물 가게에 들어갔다. 못을 쥔 것처럼 왼손을 구부리더니 오른손으로 망치로 두드리는 모습을 흉내 냈다. 점원이 망치를 건넸지만 손님은 고개를 저으며, 못을 쥔 것처럼 구부린 손가락을

가리켰다. 그 모습에 점원이 못을 가져다주었다. 잠시 뒤에 시각장애인이 가게 문을 두드렸다.'

"여러분, 시각 장애인인 손님은 가위를 사러 왔습니다. 점원에게 자신이 필요한 물건을 어떻게 설명했을까요?" 교수가 물었다.

"손가락을 가위처럼 펼친 뒤에 종이를 자르는 척하면 돼요. 맞죠?" 누군가의 대답에 모두 고개를 끄덕였다.

"아뇨, 틀렸습니다. 그냥 가위를 달라고 말하면 됩니다. 명심하세요, 사고의 사각지대에 빠지면 사고도 상식 이하의 수준에 머물 뿐이라는 걸요."

인생을 허비하며 자신에게 찾아온 기회를 알아보지 못하는 사람이 우리 주변에 적지 않다. 남들과 똑같은 조건에서 남다른 기회를 찾아낼 수 있다면 달디 단 성공의 열매를 맛볼 수 있을 것이다.

● OPEN YOUR EYES ●

복잡하게 얽힌 사물이나 비꼬인 문제들을 솜씨 있고 바르게 처리하는 모습을 '쾌도난마(快刀亂麻)'라고 표현한다. 겉으로 봤을 때 모든 사람은 논리적으로 보인다. 하지만 어떤 문제에 부딪히면 오랜 습관에 얽매여 힘든 시간을 보내는 경우가 많다. 그러나 침착하게 생각하면 답을 찾을 수 있다.

당신의 잠재력을 깨워라

모든 사람은 '타고난 자질'이라는 씨앗을 품고 있다. 하지만 겨울잠을 자고 싹을 틔울 때면 많은 사람이 그 씨앗의 존재를 잊고 만다.

너무 오랫동안 일상에 쫓겨 사느라 새로운 것을 발견하지 못했다고 생각해 본 적이 있는가? 어쩌면 당신은 이러한 물음을 아무렇지 않게 받아들일지도 모르겠다. 세상일이라는 게 이미 다 정해져 있다며 뭐 하러 힘들게 바꾸려 하냐고 말이다. 어쩌면 타고난 재주가 없다며 울상을 지을 수도 있겠다. 과연 그것이 사실일까? 결론적으로 말하면 결코 그렇지 않다.

모든 사람은 저마다 보물, 잊힌 보물을 하나씩 갖고 있다. 그것이 바로 사람들의 머릿속에 감춰져 있는 '혁신'이라는 타고난 자질이다. 머리를 굴려 사고하고, 사고를 통해 혁신을 창조한다. 그리고 그 혁신이 세상—외부세계와 내면세계—을 바꾼다. 자신에게만 속한 보물을 찾는 데 열심히 매달리다 보면 뜻밖의 수확을 얻을 수 있다.

한 학생이 선생님을 향해 부끄러워하며 입을 열었다.

"선생님, 전 창의력이 없어요."

"밤에 잘 때 꿈을 꾸니?"

"네, 당연하죠."

"그럼 네가 꾼 가장 재미있는 꿈을 들려줄래?"

그 이야기에 학생은 우주선을 타고 낯선 행성으로 날아간 일이나, 시공 터널을 타고 전혀 다른 세상으로 이동한 일, 그곳에서 우주 괴물을 본 이야기를 들려줬다.

"하나같이 처음 들어본 꿈이구나. 그 꿈은 누가 꾼 거니?"

"당연히 제가 꿨죠."

"밤에 잘 때 꾼 거니?"

"네, 맞아요."

"그럼 낮에 수업을 받을 때도 그렇게 해보렴."

위의 이야기에서처럼 많은 사람은 잠을 잘 때 창의력을 발휘하지만, 잠에서 깨어났을 때는 창의력을 잊어버린다.

많은 사람이 창의력을 일깨우는 게 어렵다고 말한다. "주변 환경이 너무 평범해서 창의력을 기를 수 없어요!" 하지만 평범하기 짝이 없는 진흙으로도 각양각색의 사물을 빚어낼 수 있지 않은가? "사는 게 너무 뻔하고 단조로워 창의력을 발휘할 수 없어요!" 보이는 것이라고는 모래밖에 없는 사막이지만 페르디낭 드 레셉스(Ferdinand de

Lesseps)는 수에즈 운하를 팠다. "너무 둔해서 뭔가를 창조할 만한 능력이 없어요!" 하지만 무디기로 유명한 증삼(曾參)이 공자의 대통을 이어받지 않았던가! "먹고 사는 게 힘들어서 창조할 여력 따윈 없습니다!" 가난한데다 병약했던 조설근(曹雪芹)은 《홍루몽(紅樓夢)》이라는 시대의 명작을 집필하지 않았던가! 이처럼 창의력은 어디에서나 존재하고, 언제든지 가능하다.

적극적인 자아의식을 지녀야만 자신이 어떤 사람인지 알 수 있고, 어떤 사람이 될 수 있을지도 알 수 있는 법이다. 그래서 자신이 지닌 잠재력을 적극적으로 개발하고 이용해야 남다른 성과를 올릴 수 있다. 루스벨트는 천부적인 재능을 타고난 사람이 반드시 걸출한 인물은 아니라고 말했다. "자신의 재능을 가능한 범위 내에서 최대한 발휘할 수 있는 사람이야말로 위대합니다."

자신의 잠재력을 제대로 발휘하지 못하는 사람들 중 상당수가 '당연히 어떻게 해야 한다', '당연히 어떻게 해서는 안 된다'는 관념에 사로잡혀 있다. 유명한 정신의학 전문가는 이른바 '당연히'라는 기준이 사람들에게 스트레스로 작용한다고 지적했다. '당연히'라는 기준에 맞춰 행동하려고 노력할수록 정신적인 압박감에 짓눌린다. 그 밖에도 '당연히'라는 기준은 외부에서 강요된 '고정된 틀'로서 언제나 사람과 사람 사이의 관계에 영향을 준다.

'당연히'라는 기준이 당신의 삶에서 결정적인 지위를 차지하는가? 사랑하는 가족을 지키고, 동료와 사이좋게 지내고, 열심히 노력해야 한다고 '당연히' 생각하는가? '당연히'라는 기준은 어쩌면 당신 스스로 정한 것이 아닐지도 모른다. 가령 이러한 기준을 다른 사람이 세운 것이라면, 당신은 그저 기준을 빌린 것뿐이기에 살아남기 위해 버둥거리는 '함정'에 빠지게 된다.

'당연히'와 마찬가지로 '~를 해서는 안 된다'는 고정된 틀 역시 셀 수 없을 정도로 많다. 이를테면 화를 내지 마라, 거칠게 행동하지 마라, 대충대충 얼버무리지 마라, 유치하게 굴지 마라, 우울해 하지 마라 등등. 이처럼 정신적으로 자신을 지나치게 옭아매는 것도 옳지 않다.

당신이 원한다면 체면 따위는 버릴 수도 있다. 아무도 그런 당신을 평가하며 점수를 매기지 않고, 당신 역시 다른 사람의 눈치를 보지 않아도 벌 받지 않는다. 그러니 자기 스스로 자신에게 원치 않은 일을 강요할 필요가 전혀 없다.

구속에서 벗어나 자신의 잠재력을 발휘하려면 어떻게 사고하고 행동해야 할까?

1. 자신은 준수하지만 사실상 적용되지 않는 규칙과 기준을 열거해보라. 황당한 원칙을 당신은 거부하지만, 그렇다고 선뜻 자신을 바꾸지도 못한다. 이러한 상황에서는 자신에게 적용할 수 있는 최후의 원칙을 반드시 세워야 한다. 차일피일 미루지 말고 지금 당장 펜을 들고 쓰기 바란다.

2. 가족, 친구들과 함께 당신이 반감을 갖고 있지만 모두 따르는 낡은 원칙을 찾아라. 그것들을 함께 폐기한 뒤 모두가 용납할 수 있는 새로운 원칙을 세워라.

3. 다른 사람이 어떻게 행동하는지 관찰하고, 그들의 행동이 자신과 같은지 비교해 보라.

4. 모든 규칙이 일상생활에서 일반적으로 통용될 거라고 생각하지 마라. 모든 기준은 특정 환경에서만 적용될 수 있다는 사실을 반드시 깨달아야 한다.

● OPEN YOUR EYES ●

자신이 성공할 수 있고, 적극적인 동기로 발전할 수 있다고 상상하라. 부단한 노력을 통해서 목표를 달성할 수 있을 것이다. 헬렌 켈러(Helen Keller)가 말한 것처럼, 당신이 하늘 높이 날 수 있는 힘을 지녔다고 깨달으면 더 이상 기어다니지 않아도 된다.

쓸데없이 고집 부리지 마라

잘못된 길에 들어섰지만 끝까지 걸어 보겠다고 생각하는 사람들이 있다. 이는
자기의 생각을 '견지'하는 것이 아니라 쓸데없는 고집에 불과하다. 문제를 해결
할 수 있는 방법은 다양하다. 그러니 자기 자신과 힘 겨루기를 할 필요는 없다.

쥐 한 마리가 쇠뿔 안으로 파고들기 시작했다. 하지만 파고들수록 빠
져나올 수 없자, 쥐는 죽기 살기로 안으로 더 파고들었다. 그러자 소
가 쇠뿔은 파고들수록 좁아질 뿐이라며 그만 밖으로 나오라고 했다.

"흥, 내가 누군지 알아? 절대로 포기하지 않는 영웅이라고! 앞으
로 나갈지언정 결코 물러서는 법이 없지."

"하지만 길을 잘못 든 것 같은데……."

"평생 구멍만 판 내가 틀릴 리 없잖아!"

얼마 뒤 조그만 '영웅'은 쇠뿔에 갇혀 죽고 말았다.

우리 주변에도 작은 일에 매달리며 한 가지만 파고드는 사람들
이 적지 않다. 곤경에 처했을 때나 또는 자신이 추구하는 목표를 마

주할 때 포기하지 않고 끝까지 버틸 수 있는 자세는 누가 봐도 훌륭하다 하겠다. 하지만 막다른 길인 줄 알면서도 버티는 건 능사가 아니다. 예를 들어 커다란 산이 앞길을 막고 있다면 그 산을 돌아가면 그뿐이다. 그 무엇도 자신의 앞길을 막을 수 없다며 산을 넘는 쪽을 선택한다면 사서 고생하는 것이다. 주변의 환경이 변하면 우리 역시 변해야 한다. 막다른 길인 줄 알면서도 무조건 고집을 부려봤자 주위 사람들로부터 비웃음을 살 뿐이다.

자신의 생각을 견지하는 것은 당연한 것이지만 그렇다고 무조건 버텨선 안 된다. 안 그러면 스스로 되돌아 나올 수 없는 사지로 자신을 밀어 넣게 되기 때문이다. 다른 사람의 의견이 확실히 합리적이라면, 확실히 자신에게 유리하다면 받아들일 줄도 알아야 한다.

미련하게 고집을 부리는 데는 크게 두 가지 원인이 작용한다. 하나는 불안감 때문이다. 심리적으로 불안하면 변하지 않고 익숙한 감각을 좇게 된다. 나머지 하나는 자신이 납득할 수 있는 대상을 찾으려 하기 때문이다. 그래야 자신의 존재 가치를 스스로 깨달을 수 있기 때문이다. 납득할 수 있는 결과를 찾으면 마음의 결단을 내리고 자신의 생각을 바꾸지 않으려 한다. 생각을 바꾸는 게 자신을 위협하는 것이라고 여기기 때문이다. 자신의 생각을 의심하는 행동은 자신의 존재를 의심하는 것이기에 자신의 생각을 바꾸려 하지 않는 것은 어쩌면 당연하다.

쓸데없는 고집을 부리지 않으려면 어떻게 해야 하는가? 크게 3

단계로 나눠 실천해보자.

자신이 누군지 알아야 한다

사람은 누구나 저만의 특성을 지니고 있다. 당신 역시 예외가 아니다. 그러한 사실을 좀 더 적극적으로 확인해야 한다. 자신의 목표를 정확하게 확립할 수 있는 흥미로운 연습법을 소개해보겠다. 한밤중에 외계인이 나타나 다짜고짜 '넌 누구냐?'고 물었다. 성격 급한 외계인은 1시간 안에 답하라고 말한다. 안 그러면 인류를 쓸데없는 존재로 여기고 모두 말살하겠다고 한다. 그 물음에 당신은 뭐라고 답할 것인가?

종이에 써보거나 녹음기에 기록해도 좋다. 외계인의 물음에 최대한 자세히 대답할수록 좋다. 이름, 나이, 태어난 날짜 말고도 무엇이 당신을 살게 하고, 또 무엇이 당신을 숨쉬게 하는가? 어릴 때 들었던 동화를 아직 기억하는가? 날마다 뭘 하고 싶은가? 가장 좋아하는 영웅 또는 신화 속 인물은 누구인가? 그 이유는 무엇인가? 아직 태어나지 않은 미래의 지구인을 위해 뭘 하고 싶은가? 대답할 말이 없다면 어떤 사람이 되고 싶은지 이야기하는 것도 좋겠다. 외계인에게 인류의 중요성, 존재의 의미를 조목조목 들려주는 것이다.

자신에게 상대적으로 낯선 환경을 선택하라

자신감, 안정감을 추구하는 사람이라면 새로운 관점과 정보를 기꺼이 받아들이고 이를 자신의 실제 행동과 결부시키려 노력한다. 대량의 정보와 관점을 받아들인다고 해서 당신의 개성이 사라지지는 않는다. 그러니 안심하고 자신만의 개성을 형성해도 좋다.

당신이 알지 못하는 영역을 찾아 과감하게 뛰어들어라. 예를 들어 당신이 변호사라면 해양학에 대한 지식이 많지 않을 테니 도서관이나 인터넷 검색을 통해 자료를 검색하며 독학해 보는 것이다. 어쩌면 환경 보호에 크게 이바지할 수 있을지도 모르고, 환경 문제 전문 변호사가 되어 명성을 떨칠 수 있을지도 모른다.

다른 사람의 눈으로 문제를 볼 줄 알아야 한다

다른 사람의 관점에서 문제를 파악하는 행동은 고집을 치료할 수 있는 가장 효과적인 방법일 것이다. 자신의 기존 관념과 전혀 다른 책을 읽어라. 하루 동안 당신에게 '영향'을 받겠다는 사람을 찾는 것도 효과적이다. 아마도 그 상대는 당신의 배우자, 동료, 직장 상사, 친구, 경찰, 낯선 사람 또는 길가를 지나는 백수일 수도 있을 것이다.

이 과정을 겪으면 전혀 다른 관점에서 삶을 마주할 수 있을 것이다. 요컨대 다른 사람을 좀 더 이해할 수 있을 뿐만 아니라 한층 존중할 수 있을 것이다. 마음이 열린 사람이 되고자 할 때, 삶에서 소중한 교훈을 배우고 직접 그 혜택을 입을 수 있다.

고집을 버리는 것은 우리가 반드시 익혀야 할 '필수과목'이다. 이를 고칠 수 없다면 평생 우울함에 갇혀 성공은 멀어질 뿐이다.

해는 동쪽에서 떠서 서쪽으로 지고 슬플 때가 있으면 기쁠 때도
있다. 매사에 쓸데없이 고집 부릴 필요가 없다. 쓸데없는 고집을
버릴 때 사람도, 마음도 편안해지는 법이다. 단편적으로 문제를
바라보면 자신의 시야만 좁아질 뿐이다.

다른 사람의 의견을
무조건 따르지 마라

'모두가 믿는 것이 진실이다!' 이는 많은 사람이 쉽게 빠지는 함정이다. 자기
만의 생각이 없는 사람은 자신의 원칙과 입장도 세울 수 없다. 자신의 운명을
스스로 헤쳐나가지 못하면 수많은 사람 속에 파묻혀 자신만의 '존재감'을 드
러낼 수 없다.

호수에 사는 물고기들은 거대한 댐의 배수구를 통해 상류와 하류를
자유롭게 오가며 살고 있었다. 어느 날 방어가 배수구로 향하는 붕
어를 막으며 어디에 가냐고 물었다.

"어디로 가는지 나도 몰라. 그냥 다른 물고기들이 헤엄쳐 가길
래 따라가는 것뿐인데……. 어딘지 모르겠지만 왠지 재미있을 것 같
아." 말을 마친 붕어가 서둘러 다른 물고기 떼를 쫓아갔다.

수로를 찾아간 방어는 한 무리의 물고기 떼가 헤엄쳐 가는 것을
보았다. 잠시 뒤에 방어는 잉어를 막아서며 어디로 가는지 물었다.

"어디로 가는지 나도 몰라. 그냥 다른 물고기들을 뒤따라가는 것
뿐인데……. 어딘지 모르겠지만 거기 가면 맛있는 게 있을 것 같아."

역시나 말을 마친 잉어가 서둘러 모습을 감췄다.

방어는 여전히 수로에 머물며 상황을 조용히 관찰했다. 꽤 오랜 시간이 지난 후에 방어는 한 가지 이상한 상황을 깨달았다. 수많은 물고기 떼가 수로로 헤엄쳐 갔지만 단 한 마리도 돌아오지 않았다. 방어는 아무래도 상황이 심상치 않다며 수로로 헤엄쳐 가는 대신, 저수지에 혼자 남는 쪽을 선택했다.

두 시간쯤 지났을 무렵, 붕어 한 마리가 허겁지겁 헤엄쳐 오더니 방어를 향해 다급하게 소리쳤다. "배수로에서 헤엄쳐 나간 물고기들은 전부 커다란 그물에 잡혀가고 말았어. 간신히 나 혼자 도망쳐 나오는 길이야!"

그 말을 들은 방어가 조용히 중얼거렸다. "아무 생각 없이 남을 쫓아가니 그런 꼴을 당할 수밖에……."

그렇다, 무슨 일이든 자신만의 생각이 있어야 하고 독립적인 사고를 배워야 한다. 그래야만 거짓에 넘어가지 않고 복잡한 사회에서 살아남을 수 있다.

하버드대학교의 유럽문학을 전공하는 한 학생이 심혈을 기울여 소설을 쓴 뒤, 학교에 상주하는 작가에게 평론을 부탁했다. 눈병을 앓고 있던 작가를 위해 학생은 작가에게 작품을 읽어줬다. 마지막 한 장까지 다 읽었다며 학생이 낭독을 멈추자 작가가 이야기가 끝났냐고 물었다. 작가의 말투에서는 다음 이야기를 듣고 싶다는 듯 아쉬움이 묻어났다. 그 모습에 기운을 얻은 학생이 영감을 얻은 듯 잽싸게 입을 열었다. "아뇨, 더 멋진 이야기가 아직 남았습니다!" 그러더니 그 자리에서 즉석으로 이야기를 지어 들려주었다.

한 단락 정도에 달하는 이야기를 들려준 학생에게 작가는 또다시 아쉬운 표정을 지으며 끝났냐고 물었다.

계속되는 작가의 반응에 학생은 크게 흥분했다. 기성 작가가 자신의 글에 관심을 가졌다는 사실에 어깨가 으쓱해진 나머지 머릿속에 대강 그려뒀던 이야기를 연거푸 들려주기 시작했다. 그때 전화벨이 울렸고 이야기는 중단되었다. 잠시 뒤 통화를 마친 작가가 학생을 향해 조용히 입을 열었다. "처음 자네에게 이야기가 끝났냐고 물었을 때 즉시 이야기가 끝났다고 했어야 했네. 결정적으로 자네는 과감한 결단력이 부족해. 작가에게 결단력은 무척 중요한 덕목이지. 안 그러면 전체적인 이야기가 늘어지면서 사족만 생기니까, 그런 글이 어떻게 독자에게 감동을 줄 수 있겠나?"

그의 평가에 학생은 자신의 경솔함을 크게 후회했다. 외부의 평가에만 집착한 나머지 작품을 통해 전하려던 메시지를 제대로 표현하지 못하다니 작가로서의 자질이 부족하다는 것을 스스로 인정한 셈이었기 때문이다.

그로부터 얼마 지나지 않아 또 다른 작가를 만난 학생은 부끄러워하며 지난번에 있었던 일을 들려줬다. 하지만 자신의 예상과 달리 상대는 학생의 임기응변 능력을 크게 칭찬했다. 상대의 반응에 따라 재빠르게 대처할 수 있는 사고방식을 높이 사며 이것이야말로 작가가 되기 위한 천부적 재능이라고 평가했다. 제대로만 쓸 줄 안다면 걸출한 작품을 선보일 것이라며 격려의 말도 잊지 않았다.

멀리서 볼 때와 가까이서 볼 때, 높은 곳에서 내려다볼 때와 낮은 곳에서 올려다보는 풍경은 모두 다른 법이다. 모든 일에 똑같은 정론은 존재하지 않는다. 다른 사람의 '의견'을 참고할 수는 있지만 자신의 '주관'을 대체할 수는 없다. 타인의 이야기에 발목 잡히지 말고, 자신을 믿고 열정과 영혼을 따라 꿈을 이뤄라.

헨리 워드 비처(Henry Ward Beecher)는 어린 시절, 선생님으로부터 교단 앞에 나와 새로 배운 글을 암송하라는 지목을 받았다.

자신 있는 표정으로 목청을 다듬은 비처가 큰 목소리로 새로 배운 구절을 외우기 시작했다. 암송이 시작된 지 얼마 지나지 않아 비처의 귀에 '틀렸어'라는 선생님의 목소리가 들렸다.

그 소리에 비처는 암송을 멈추고는 잠시 자신이 틀렸는지 고민했다. 선생님과 친구들이 아무런 반응도 하지 않는 모습에 비처는 망설이다가 계속 암송을 이어갔다. 그리고 몇 분 뒤, 비처는 선생님의 계속되는 '틀렸어'라는 이야기에 암송을 중단해야 했다. 자신이 틀렸다고 확신한 비처는 쭈뼛거리더니 급기야 말을 심하게 더듬거리며 입을 굳게 다물고 말았다. 귓가까지 빨갛게 달아오른 얼굴로 비처는 제자리로 돌아갔다.

선생님은 또 다른 학생을 지목하더니 역시나 새로 배운 내용을 암송해보라고 했다.

암송한 지 얼마 지나지 않아 선생님이 이번에도 역시 '틀렸어'라고 외쳤다. 그러자 학생은 잠깐 멈추었다가 계속해서 암송을 이어갔다. 그 후로도 선생님은 비처 때와 마찬가지로 여러 번 '틀렸어'라고 외쳤지만 학생은 아랑곳하지 않고 차분한 목소리로 배운 내용을 다 암송했다. 본문을 다 암송한 학생이 자리로 돌아가자, 선생님은 흡족한 미소를 지으며 잘했다고 칭찬했다.

그 모습에 비처는 화가 잔뜩 나서 자리에서 벌떡 일어나 선생님에게 항의했다.

"저도 저 친구처럼 하나도 틀리지 않고 잘 암송했어요!"

"그런데 너는 왜 중도에 포기하고 자리로 돌아간 거니?"

아무 말도 못하는 비처를 향해 선생님이 의미심장한 미소를 지었다.

"스스로 본문을 잘 외웠다고 아는 걸로는 부족해. 그보다는 자신이 해낼 수 있다는 믿음을 갖는 게 더 중요하단다. 내가 일부러 방해했을 때 네가 보여준 태도는 네 자신에 대한 믿음이 부족하다는 뜻이었지."

선생님은 이번에는 반 전체를 돌아보며 입을 열었다. "이번 수업에서 여러분이 자신에 대한 믿음을 배웠길 바라요. 다른 사람이 모두 'No'라고 이야기할 때, 자신을 믿고 'Yes'라고 이야기할 줄 아는 용기와 그것을 증명할 행동력을 언제나 지니고 있어야 해요."

선생님이 들려준 이야기는 비처에게 깊은 울림으로 다가왔다. 특유의 자신감과 노력으로 비처는 커서 19세기 미국에서 가장 영향력 있는 종교인, 존경 받는 목사로 평가받았다. 그는 주간지 인디펜던트(The Independent)의 편집자로, 작가로서 승승장구했다.

오늘날 우리를 향해 날마다 'No'라는 목소리가 쏟아진다. '넌 못해', '틀렸어', '너무 늙었어', '너무 어려', '네 실력으로는 어림없어', '우리가 원하는 인재상이 아니야', '네 생각은 비현실적이야'…….

이러한 부정적인 이야기는 많은 사람의 의지를 꺾어놓고, 뜨거운 열정에 찬물을 뿌린다. 다음에 이와 비슷한 소리를 듣게 되거든, 세상이 당신을 향해 'No'라고 외칠 때 나 자신을 믿고, 자신에 대해 'Yes'라고 대답해라. 그리고 그것을 실제 행동으로 증명해야 한다는 사실을 명심하기 바란다. 우리는 종종 다른 사람의 이야기를 확신하며, 다른 사람의 의견에 휘둘리다가 끝내 나아갈 방향을 잃곤 한다. 그들은 그저 우리보다 좀 더 자신 있는 것일 뿐 우리보다 반드시 뛰어난 것은 아니다. 자신을 믿어야 비로소 더 나은 미래를 만들 수 있다.

● OPEN YOUR EYES ●

주관이 없는 사람은 담장 꼭대기에 돋아난 풀처럼 동풍이 불면 동쪽으로 쓰러지고, 서풍이 불면 서쪽으로 쓰러진다. 자신만의 원칙이나 입장이 없기 때문에 자신이 뭘 할 수 있을지, 뭘 해야 할지도 모른다. 그러다 보니 성공과 멀어질 수밖에 없다. 자신을 믿어야 오늘의 당신이 비로소 당신의 내일을 만들어갈 수 있다.

09

빈틈을 공략하라

다른 사람이 발견하지 못했거나 관심을 기울이지 못한 문제에서 약점이나 파고들 수 있는 틈을 재빠르게 발견하려면 남다른 '혜안'이 필요하다. 후발주자가 더 높게 우뚝 서고 더 멀리 내다보려면 이미 알고 있는 사실에 의문을 제기하고, 알 수 없는 사실에 강한 호기심을 보여야 한다.

현자로 칭송받는 이들이 모두 타고난 천재는 아니다. 오히려 평범한 사람보다 못한 재능을 갖춘 경우도 적지 않은데 훗날 많은 사람으로부터 존경을 받는 것은 남다른 비결을 터득했기 때문이다.

수천 년에 달하는 인류의 발전사에서 수많은 영웅이 탄생했다. 그들은 인류를 위해 수많은 업적을 세웠는데, 마치 역사에 우뚝 선 이정표처럼 범접할 수 없는 남다른 경지를 보여준다.

미국 캘리포니아 대학교 물리학과를 졸업한 체스터 칼슨(Chester Carlson)은 학교를 졸업한 후 회사에 들어갔다. 그곳에서 그는 회사 동료들이 복잡한 문서를 처리하는 데 소중한 시간을 허비하는가 하면 불필요할 만큼 업무 강도가 세다는 사실을 발견했다. 원래대로라면 쉽게 해치웠을 일이 오히려 업무 효율을 떨어뜨리는 상황이 되자, 칼슨은 복사 방법을 개선하기로 결심하고 실험에 착수했지만 번번이 실패하고 말았다.

고민 끝에 칼슨은 실험 방법을 바꾸기로 했다. 실험을 잠시 중단한 그는 여가 시간의 대부분을 뉴욕에 있는 도서관에 틀어박혀 복사와 관련된 발명 특허나 문헌 자료를 조회하는 데 보내기 시작했다. 꽤 오랫동안 문서를 살피던 칼슨은 과거의 복사 방법이 모두 화학적 반응을 이용한 것으로, 광학과 전자학을 활용한 전례가 없다는 사실을 발견했다.

이론만 놓고 봤을 때 광학과 전자학의 효율이 훨씬 높을 것이라는 예상하에 칼슨은 본격적인 실험에 착수한 끝에 세계 최초의 정전식 복사기 실험에 성공했다.

또 다른 에피소드를 살펴보자.

중국인, 러시아인, 프랑스인, 영국인, 이탈리아인 모두 자국을 대표하는 술을 꺼내들고 자신들의 민족문화를 앞다투어 자랑하기 시작했다. 중국인은 정성껏 빚은 마오타이(茅臺)를 꺼내 사람들로부터 큰 호평을 받았다. 그 후 러시아인은 보드카, 프랑스인은 샴페인, 이탈리아인은 포도주, 그리고 영국인은 위스키를 꺼내들며 자국의 우수한 술 문화를 자랑했다.

그 모습에 손에 아무것도 들지 않은 미국인이 그들의 술을 한데

섞기 시작했다. "이게 바로 칵테일이라는 거요!" 자국의 민족정신을 화끈하게 보여준 미국인에게 자리에 있던 사람들이 뜨거운 박수갈채를 보냈다.

'허점'을 파고든다는 것은 남의 공로를 가로채거나 남의 성과에 무임승차한다는 뜻이 아니다. 거인의 어깨를 밟고 서서 문제를 해결할 수 있는 가장 효과적인 방법을 모색하는 것을 가리킨다. 키가 작은 난쟁이라고 해도 거인의 어깨를 밟고 올라서면 거인보다 더 멀리 내다볼 수 있다.

● OPEN YOUR EYES ●

다른 사람의 성과를 분류하고 그들이 놓쳤던 사실을 찾아내라. 지식의 연결 고리에서 가장 취약한 부분을 탐색하고 이러저러한 이유로 과거에 누군가가 포기했거나 외면한 사실에 주목해라. 이를 발판 삼아 빈틈을 파고든다면 결국 최후의 승자가 될 수 있을 것이다.

10

권위에 도전하라

권위는 사람들의 마음속에 깊이 뿌리 내린 강력한 상징이지만 결코 절대적인 존재는 아니다. 혁신을 일구고 싶다면 권위에 무조건 복종하지 말고 과감히 도전해야 한다!

살아가면서 우리는 학력, 권력, 명예 등 다양한 형태, 하지만 근원은 변하지 않은 다양한 권위와 우상(偶像)을 만나게 된다. 여기에 사로잡혀 생각하는 법을 잊고 손발을 구속당하기 십상이다. 맹목적으로 권위와 우상을 따르고 복종한다면 독립적으로 생각할 수 있는 능력을 잃을 수 있다. 아무런 원칙 없이 무조건 타인에게 복종한다면 자주적으로 생각하고 혁신적으로 행동할 수 있는 능력을 '박탈'당하게 될 것이다.

세계적으로 유명한 교향악단의 지휘자였던 오자와 세이지(小澤征爾)는 유럽에서 열린 지휘자 대회 결승전에 참가했다. 심사위원이 건넨 악보에 따라 연주를 지휘하던 도중에 그는 음이 맞지 않는다는 사실을 깨달았다. 누군가가 실수했다는 생각에 오자와 세이지는 악단에게 연주를 멈추라고 한 뒤 다시 악보를 살핀 뒤에 지휘를 시작했다. 하지만 이번에도 여전히 기대에 못 미치는 연주에 지휘봉을 다시 내려놨다. 그 순간, 심사장에 있던 심사위원과 음악계의 거장들이 악보에는 문제가 없다며 오자와 세이지의 착각이라고 말했다. 자신을 향한 사람들의 무언의 압박 속에서도 오자와 세이지는 자신의 의견을 굽히지 않았다. "아뇨, 악보가 틀렸습니다!" 그의 말이 떨어지기 무섭게 심사위원석에서 우레와 같은 박수가 터져 나왔다.

사실 이 모든 것은 심사위원들이 미리 파놓은 함정이었다. 지휘자가 악보의 오류를 발견한 상태에서 권위적인 인물들이 모두 '아니다'라고 할 때의 반응을 평가하려던 것이었다. 앞의 두 참가자는 악보에 문제가 있다는 것을 발견했지만 주변 의견에 휩쓸려 악보의 오류를 집어내지 못했다. 이들과 달리 오자와 세이지는 자신의 의견을 고수했다. 그 결과 세계 지휘자 대회에서 1등을 차지했다.

권위에 도전하려면 권위에 굴복하는 것이 아니라 혁신적인 능력을 갖춰야 한다. 아무리 막강한 상대라도 대수롭지 않게 여기고 권력과 어울리지 않아 보이는 일에 과감히 나서야 한다.

권위에 도전하기는커녕 제압당하면 성공을 거두기 어렵다. 제아무리 힘든 일이라도 지레 겁을 먹고 꼬리 내릴 것이 아니라 당당히 맞서야 할 것이다.

권위 앞에서 무릎 꿇는 사람은 다른 사람의 그림자에서 벗어날 수 없다. 기껏해야 누군가를 흉내 낼 뿐, 자신만의 캐릭터를 만들지 못한다. 그러니 큰일을 하고 싶다면 반드시 권력의 그림자에서 벗어나라.

.

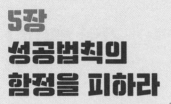

5장
성공법칙의
함정을 피하라

다른 사람의 것을 복제하지 말고,
자신만의 성공법칙을 찾아라

성공으로 향하는 지름길이 있을까? 이러한 물음에 많은 사람이 지름길은
없다고 말한다. 하지만 우리가 성공의 함정을 파악할 때 성공으로 향하는
뚜렷한 길이 보일 것이다.

···01···

타인의 성공은 그의 것일 뿐이다

'누군가의 성공 노하우를 그대로 적용하면 성공할 수 있다.' 성공에 대한 사람들의 인식 속에는 이러한 함정이 존재한다. 성공한 사람에게서 교훈을 얻는 것이 틀렸다는 것이 아니다. 다만 우리는 저마다 다른 개성과 기회를 갖고 있다. 그것을 언제, 어떻게, 얼마나 파악하고 발휘하느냐에 따라 성공 여부가 결정된다.

높다란 바위 위에 앉아 있던 독수리 한 마리가 우아한 자세로 쏜살같이 내려와 들판에서 풀을 뜯어 먹고 있던 양을 낚아챘다. 그 모습을 우연히 보게 된 까마귀는 독수리가 너무 부러웠다.

'나도 저런 양을 사냥할 수 있다면 날마다 썩은 음식을 더는 먹지 않아도 될 텐데…….' 독수리에 비하면 체구도 작고 발톱으로 잡는 힘도 약했지만 까마귀의 식탐은 결코 뒤지지 않았다. 양떼 주변을 뱅뱅 돌며 까마귀는 살이 통통하게 오른 양을 찾아냈다.

까마귀는 탐욕스럽게 입맛을 다시며 중얼거렸다. "이렇게 통통하게 살이 오른 걸 보니 오늘 저녁 식사로 딱이겠어." 푸드덕거리는 요란한 소리와 함께 까마귀는 바람을 가르며 양을 향해 달려들었다.

까마귀는 양을 공중으로 낚아채기는커녕 오히려 발톱이 구불거리는 양털에 잔뜩 엉키고 말았다. 있는 힘껏 날개를 푸드덕거렸지만 그럴수록 양털이 단단히 옭아맬 뿐이었다.

우리 주변에는 까마귀처럼 욕심만 있을 뿐, 정작 자신을 어떻게 성장시켜야 하는지 모른 채 겉모습만 흉내내는 사람이 적지 않다. 타인의 성공에서 배울 순 있겠지만 결코 '복제'할 수는 없다. 그래서 내게 어울리는 비법을 반드시 찾아야 한다. 이를 위해서 적어도 아래와 같은 노력이 필요하다.

풍부한 지식을 갖춰라

지식의 업데이트 속도가 나날이 가속화되고 있고 새로운 상황과 문제 역시 연일 쏟아져 나오고 있다. 기존의 지식을 바탕으로 평생 배워야 한다는 습관을 길러야 한다. 끊임없이 자신을 '충전'해야 급변하는 사회에서 도태되지 않는다.

독특한 안목을 키워라

뛰어난 안목은 정확한 방향으로 우리를 인도하고 미래를 잡을 수 있도록 도와준다. 안목은 하룻밤 사이에 뚝딱 길러지는 것이 아니다. 지식과 삶의 경험, 그리고 업무 경험이 오랜 시간에 걸쳐 쌓이면서 안목으로 발전한다.

뛰어난 언변을 길러라

말 한마디로 천냥 빚을 갚는다는 속담처럼 남다른 언변은 설득력, 인맥과 같은 성공을 위한 필수 조건을 제공한다.

침착한 마음과 굳은 신념

마음의 평화 없이 정확한 판단을 내리기란 불가능하다. 충동은 위험하다. 흥분, 슬픔, 증오, 억압, 불만으로 가득 찬 상태에서는 아무것도 결정하지 마라. 안 그러면 되돌이킬 수 없는 참담한 결과를 맞게 될 것이다. 알리바바는 마음가짐과 신념에 대해 이렇게 설명했다. "오늘은 힘들고 내일은 더욱 힘들 겁니다. 하지만 모레는 아름답게 빛날 겁니다. 하지만 대부분의 사람은 모레 아침에 뜰 해를 보지 못한 채 내일 밤이 되기도 전에 쓰러지고 맙니다."

담대한 용기를 지녀라

누구나 부자가 되기를 꿈꾸지만 대개의 경우 상상에 그칠 뿐이다. 진정한 의미에서 성공한 사람이 적은 이유는 무엇일까? 그것은 용기가 없어서 과감하게 실천하지 않기 때문이다. 안정되고 익숙한 생활에 익숙해진 사람들은 자연스레 타성에 젖게 된다. 그래서 편안한 현실을 잃게 될까 실패를 두려워하고 체면을 앞세운다. 목표를 향해 나아갈 길을 밤새 수천 개 떠올리지만 그 다음날 새벽이면 원래 걷던 길을 걷는 사람이 대부분이다.

효과적인 일 처리 솜씨

첫째, 규칙에 따른 일 처리. 사물 또는 규칙은 자체적으로 양면성을 갖고 있기 때문에 좋은 점만 보고 나쁜 점을 무시할 수는 없다.

둘째, 적극적인 도움 요청. 뭐든지 혼자서 잘할 수는 없다. 필요에 따라 주변에 SOS를 칠 줄 아는 자세와 지혜를 갖춰야 한다. 국가 정책의 힘, 매체의 힘, 여론의 힘, 사회 핫이슈의 힘 등을 빌려야 한다.

셋째, 시간이 중요하다. 하느님은 모든 사람에게 하루 24시간을 공평하게 주셨다. 하지만 사람마다 그 시간을 어떻게 썼느냐에 따라 전혀 다른 결과를 얻게 된다. 누군가는 8시간 동안 한 가지 일만 할 수 있지만 누군가는 두 가지 일을 해낼 수도 있고, 또 다른 누군가는 아무것도 하지 않을 수 있다. 느긋해 보이지만 그 누구보다도 의미 있는 일을 해내는 사람도 있다. 그래서 효율이 중요하다. 얼마나 많은 일을 하느냐가 아니라 시간을 어떻게 쓸지 고민해야 한다.

● OPEN YOUR EYES ●

거인의 어깨에 서서 자신의 길을 가라. 그것이 곧 성공으로 통하는 지름길이다.

자신만의 인생 목표를 세워라

성공하려면 자신의 사회적 포지션을 먼저 파악해야 한다. 즉 자신의 인생 목표를 바로 세우는 일부터 시작해야 한다.

성공학의 창시자인 카네기(Dale Carnegie)는 처음 글 쓰는 일을 시작할 때, 모든 해결책을 제공할 수 있도록 다른 작가들의 생각을 모두 '빌려' 자신이 쓰고자 하는 책에 집어넣기로 했다. 그래서 십여 권에 달하는 강연집을 산 뒤 무려 1년 여에 걸쳐 그 내용을 참고했다. 하지만 마지막 순간, 그는 자신이 얼마나 멍청한 짓을 했는지 깨달았다.

다른 사람의 생각을 한 권의 책에 모두 담기란 생각처럼 그리 쉽지 않았다. 설상가상 카네기 스스로도 납득할 수 없는 내용도 있어 글을 쓰는 내내 한쪽 가슴이 답답했다. 이런 내용이라면 누구도 읽지 않을 것이 뻔했다.

그는 지난 1년 동안 심혈을 기울여 쓴 원고와 소중한 자료를 모두 쓰레기통에 버리고 다시 시작했다. 책상에 앉은 카네기는 자신을 향해 조용히 입을 열었다. "카네기, 네 역할을 명심해. 네가 아무리 많은 잘못을 저질렀든 어떤 재능을 갖고 있든 간에 넌 다른 사람이 될 수 없으니까." 그는 다른 사람들이 만든 결과물을 흉내내거나 그들이 걸었던 길을 답습하는 것이 아니라 새로운 길을 모색했다. 고민 끝에 강연자나 강연을 가르치는 교사로서의 역할을 최대한 살린, 자신만의 경험과 생각을 살린 강연자를 위한 '교과서'를 쓰기로 한 것이다.

카네기가 성공할 수 있었던 것은 그가 자신의 사회적 역할을 깨닫고 자신의 관점에 충실한 창작 활동에 집중한 덕분이었다.

삶의 목표를 세우는 일은 꽤나 간단해 보이지만 결과적으로 보면 무척 중요하다. 직업, 지위, 역할, 그리고 개인의 의사 여부 모두 자신이 선택해야 하기 때문이다.

포지션이 정확해야 자신이 서게 될 무대에 집중할 수 있다. 자신의 역할에 충실한 채 재능을 마음껏 발휘하면 주변 사람, 집단, 사회에 도움이 될 만한 일을 할 수도 있다. 잘못된 포지션에 서면 환경에 적응하지 못한 채 능력을 발휘하기는커녕 주변으로부터 손가락질을 받다가 게임의 법칙에 의해 '아웃'될 수도 있다. 이러한 의미에서 개인의 포지션을 설정하는 문제는 무척 중요한 일이다.

이를 위해 다음의 내용을 참고하기 바란다.

지나치게 높은 이상

100kg의 무게를 견딜 수 있는 사람에게 120kg을 들라고 하면 걷기는커녕 제대로 일어서지도 못한다. 신동으로 불리던 아이가 있었다. 이 아이는 가족과 사회로부터 큰 기대를 한몸에 받았다. 자신을 향한 주변의 높은 기대 탓에 아이는 중압감에 시달리다가 결국 출가하고 말았다. 꿈은 클수록 좋다지만 감당하기 어려울 만큼 높은 이상은 오히려 당사자를 구속할 뿐이다.

지나치게 낮은 목표

자신에 대한 기대가 너무 낮거나 누구나 쉽게 이룰 수 있는 목표로는 잠재력을 계발하기 어렵다. 당신에게는 뭔가를 해결하기에 충분한 실력이 있다. 하지만 실수나 책임감에 대한 두려움 때문에 자신을 한 단계 업그레이드시킬 기회를 제 손으로 포기하고 만다면 괄목할 만한 성과를 결코 얻지 못할 것이다.

잘못된 역할

자신의 능력을 정확히 파악하지 못할 때 잘못된 역할을 떠맡게 된다. 한 직원이 상사와 함께 중요한 프로젝트를 끝낸 뒤 자신의 능력을 과대평가하는 실수를 저질렀다. "비슷한 프로젝트라면 나 혼자서도 충분히 해낼 수 있겠는걸!" 하지만 정작 다른 프로젝트에 투입되자 온갖 문제에 부딪치고 말았다. 지금의 상황을 납득할 수 없었던 그는 문제의 책임을 다른 사람에게 전가하며 불만을 터뜨렸다. '졸(卒)'에 불과한 자신을 '장(將)'이라고 착각한 나머지 일을 그르친 것이다. 잘못된 역할을 맡게 되면 궁극적으로 자신을 잃게 된다. 객관적으로 있는 그대로의 자신을 파악하기 쉽지 않은 탓에 항상 신중하게 자신을 파악해야 한다.

역할은 항상 정해진 것이 아니다. 상황이나 능력에 따라 변하고 발전한다. 따라서 자신이 처한 환경에 따라 재빨리 적응하고, 주변을 꾸준히 살펴 언제든지 바른 역할을 맡을 줄 아는 노력과 지혜, 그리고 용기가 필요하다.

● OPEN YOUR EYES ●

이 세상을 살아가면서 내 자신이 대체 어떤 사람인지 아는 것은 무척 중요하다. 그래야 자신의 '포지션'을 정확히 파악하고 삶의 방향을 정할 수 있다. 자신이 생각하는 이상적인 모습을 향해 꾸준히 나아가야 삶의 의미도 깨닫고 성공에 이를 수 있다.

자신만의 '특장점'을 개발하라

장점을 최대한 발휘하면 순풍에 돛 단 것처럼 승승장구할 거라는 생각에 많은
사람이 자신의 약점을 감추려 한다. 하지만 이는 성공에 대한 사람들의 잘못
된 인식에서 비롯된 함정이다. 장점은 물론 단점까지 정확히 파악하고 적절히
이용할 수 있어야 비로소 더 나은 사람이 될 수 있다.

누구나 전지전능할 수 없다. 그래서 자신의 장단점을 알고 장점을
극대화할 수 있어야 한다. 그래야 어느 순간에도 누구에게 대체될
수 없는 '무기'를 얻을 수 있다.

최고의 두부를 만들기로 유명한 가게를 운영하는 사장에게는 두
명의 아들이 있었다. 오래도록 이어진 가업을 물려주기 위해 사장은
둘 중 한 명을 후계자로 낙점해야 했는데, 두 아들이 서로 자신이 가
게를 물려받겠다며 싸우기 시작했다.

고민 끝에 사장은 아들들의 자질을 알아보기 위해 한 사람씩 번
갈아 가며 두부를 팔아 보라고 했다.

언제나 웃는 얼굴의 큰아들은 손님들을 깍듯이 대했지만 계산 실

력이 신통치 않았다. 단골손님에게는 돈을 제대로 받지 않기 일쑤였다. 가게는 손님으로 문전성시를 이뤘지만 매출은 좀처럼 올라가지 않았다.

이번에는 둘째 아들이 가게를 운영하기 시작했다. 형과 정반대였던 둘째 아들은 언제나 무뚝뚝했다. 융통성이 없어 손님들이 굳은 표정으로 가게 문을 나서기 일쑤였다. 다행히 매출이 크게 줄진 않았지만 가게를 찾는 손님들의 발길이 조금씩 줄었다.

정반대의 성향을 지닌 아들들을 보며 사장은 고민에 빠졌다. 며칠 동안 밤잠을 설쳐가며 고민했지만 좀처럼 마음을 정할 수 없었다.

그러던 어느 날, 외출에 나선 사장이 우연히 한 찻집에 들어갔다. 자리에 앉자마자 종업원이 쏜살같이 달려오더니 넉살 좋은 웃음을 건네며 메뉴판을 건넸다. 요 며칠 마음이 편치 않았는데 기분 좋게 말을 건네는 종업원의 모습에 사장은 제집에 들어온 것처럼 편안한 기분이 들었다. 잠시 뒤 계산대를 찾은 사장은 그 자리에 다른 종업원이 앉아 있는 것을 발견했다. 잔돈 정도는 적당히 깎아줄 줄 알았더니 계산대의 종업원은 1원도 빼줄 수 없다며 무뚝뚝하게 대답했다. 두부가게 사장은 찻집 사장을 찾아가 입을 열었다.

"그리 바쁜 것 같지 않던데 종업원을 왜 두 명이나 쓰는 거요? 종업원을 한 명만 쓰면 인건비가 확 줄 텐데……."

"물론 그렇게 하면 인건비를 줄일 수 있겠지만 그게 말처럼 쉽지 않아요. 방금 주문을 받은 녀석은 원체 이야기하는 걸 좋아해서 말만 잘하면 돈도 받지 않거든요. 그런 녀석한테 어떻게 가게를 맡길 수 있겠어요? 그리고 계산대에 있는 녀석은 뻣뻣하기 그지없어서 에누리할 줄도 모르고 영업도 할 줄 몰라요. 저 녀석한테 가게를 맡기면 손님들이 죄다 떨어질 게 뻔하고요. 그런데 저 녀석들이 같이 일하면 서로의 장단점을 보완할 수 있어서 안심하고 가게를 맡길 수 있답니다."

두부가게 사장은 무릎을 탁 치며 집으로 달려가 아들들을 불러 두 사람 모두에게 가게를 물려주겠다고 했다. 웃는 얼굴의 큰아들에게는 손님을, 고지식한 둘째 아들에게는 계산대를 맡겼다. 두 사람이 자신의 장점을 각각 발휘하면서 두부가게를 찾는 손님들의 발길이 예전보다 크게 늘었다. 장점을 발견하기란 비교적 쉽지만 단점을 발견하고 이를 장점으로 승화시키기란 결코 쉽지 않다.

젊은 검객이 내로라하는 무림고수를 찾아가 무공을 전수해 달라며 고개를 숙였다. 그 말에 무림고수는 한 척에 불과한 검을 내밀며 입을 열었다.

"이 검 덕분에 지금의 자리에 오를 수 있었네."

"허나 검객들은 삼 척도 더 되는 장검을 차고 다니지 않습니까? 이 검은 아무리 봐도 일 척이 될까 말까 싶은데…… 병서에 이르기를 검은 1푼(分)이 짧아질수록 3푼 위험하다고 했습니다. 이런 검을 쓰면 오히려 화를 자초할 것 같은데, 어떻게 이 검으로 무림고수가 되신 겁니까?"

"병서에 쓰여 있는 대로 내가 약세에 있으니 다른 사람과 겨룰 때 내가 얼마나 위험할지 날마다 상상하곤 했다네. 그래서 검의 단점을 보완하기 위해 방어와 공격기술을 연마하는 일에 매달렸지. 덕분에 아무도 흉내낼 수 없는 나만의 비결을 찾아낼 수 있었다네."

이처럼 장점과 단점은 '절대적'인 것이 아니다. 자신이 열세에 처했다면 문제를 개선할 수 있는 동력으로 삼을 수도 있다. 열세에 처했어도 한계를 극복할 때 비로소 누구도 따라올 수 없는 나만의 '특장점'을 키워 원하는 목표를 이룰 수 있다.

● OPEN YOUR EYES ●

장밋빛 이상과 팍팍한 현실. 무엇을 할 수 있느냐가 무엇을 하고 싶은가보다 훨씬 중요하다고 많은 사람이 생각한다. 그러려면 자신의 장단점부터 파악해야 한다. 장점은 더 발전시키고 단점을 장점으로 바꿀 수 있을 때 비로소 우리는 자신만의 '특장점'을 찾아낼 수 있을 것이다.

성공도 실패도 모두 나로부터

성공의 출발점은 자신에서부터 비롯된다. 모든 사람이 가진 가장 큰 보물은 바로 나 자신이다. 하지만 우리 주변에는 자신의 소중함을 제대로 깨닫지 못하는 사람들이 적지 않다.

삼사십 대가 지나도록 가까스로 생계를 유지하고 있는 사람에게 왜 그리 힘들게 사는지 물어보라. 십중팔구는 이렇게 대답할 것이다.

"내게는 아무런 기회도 찾아오지 않았어."

"재능이 묻힌 것 같아."

"처지가 이러니 할 수 있는 게 아무것도 없어."

"요새 청년들과 달리 우리 때는 기회가 없었다고!"

"가방 끈이 짧아서……."

백 명한테 묻는다면 백 명 모두 다른 이야기를 들려줄 만큼 아마도 그 이유는 끝이 없을 것이다. 하지만 가짓수에 비해 그 내용은 비슷비슷하다. 게다가 그 또한 사실이 아니다! 새뮤얼 스마일스

(Samuel Smiles)는 사람은 성공하기 위한 자신만의 '보물'이 있다고 주장했다. "엄청난 보물을 갖고도 실패하고 평생 아무것도 이루지 못한다면 결론은 하나뿐이다. 자신을 제대로 파악하지 못하고 자신의 재능을 제대로 개발하지 못한 것이다!"

보름달이 뜬 해변을 한 청년이 걷고 있었다. 가난한 집안에서 태어난 처지를 비관하던 청년은 걸핏하면 다른 사람이나 자신의 운명을 원망하곤 했다. 지지리도 복이 없다며 툴툴거리던 청년은 헛된 꿈을 꾸기 시작했다.

새 차가 있으면 얼마나 행복할까…….

큰 집이 있으면 얼마나 행복할까…….

좋은 직장이 있으면 얼마나 행복할까…….

완벽한 아내가 있으면 얼마나 행복할까…….

그리고…….

"에잇! 아무리 생각해도 억울해. 난 대체 왜 이렇게 불행한 거지? 내겐 아무것도 없잖아!"

하늘을 향해 울분을 토해내는 청년을 아까부터 한 노인이 유심히 바라보고 있었다. 청년의 이야기에 노인은 희미한 미소를 지으며 다가갔다.

"아무것도 없다니? 내가 보기에는 엄청난 걸 잔뜩 갖고 있는데, 왜 가진 것이 없다며 하늘을 원망하는 건가?"

"엄청난 거라뇨? 제겐 하나도 안 보이는데 지금 절 놀리시는 겁니까!"

"왜 없다는 건가? 자네에겐 두 눈이 있지 않나? 내게 자네 눈을 준다면 원하는 모든 걸 주겠네."

"말도 안 됩니다. 그럼 전 앞을 보지 못할 테니까요."

"그럼 손은 어떤가? 내게 손을 주면 대신 황금을 잔뜩 내주겠네."

"싫습니다. 손 없이 어떻게 산답니까!"

"눈이 있으니 배울 수 있을 테고, 손이 있으니 일할 수도 있지 않나? 자, 이제 다시 보게. 자네가 얼마나 대단한 걸 가졌는지…….."

노인의 말에 청년은 자신의 어리석음을 깨달았다.

실제로 우리가 성공했다고 부르는 사람들은 한 가지 공통점을 지녔다. 본질적으로 자신을 존중하고 자신이 지닌 '보물'을 정확하게 파악해서 효과적으로 이용할 줄 안다. 앞의 이야기에 등장한 청년처럼 매일 하늘을 원망하고 자신의 처지를 비관하기만 한다면 아무것도 달라지지 않는다.

또 다른 성공학의 대가인 오리슨 마든(Orison Swett Marden)은 죽음을 앞두고 누군가로부터 이런 질문을 받았다. "가난한 처지의 고아가 찾아와서 성공의 비결을 묻는다면 어떤 대답을 들려주실 건가요?"

"자신을 구할 수 있는 건 자신뿐이라고 말해줄 겁니다. 우리는 저마다 엄청난 보물을 가지고 있죠. 그걸 깨닫고 과감하게 계발할 줄 알아야 성공할 수 있다고요."

에이브러햄 링컨(Abraham Lincoln)은 마음씨 좋은 크로포드 부인에게 언젠가 자신은 미국 대통령이 될 거라고 농담 삼아 이야기하곤 했다. 크로포드 부인이 아무리 비웃어도 링컨은 쾌활하게 대꾸했다. "대통령이 되기 위해서 열심히 공부하며 준비할 거예요. 그러면 언젠가 제게 기회가 올지도 모르죠!" 가난한 집안 출신인데다 정치적 지지 세력도 없던 청년이 뼈를 깎는 노력이 없었다면 백악관에 결코 입성하지 못했을 것이다.

젊은 시절 마이클 패러데이(Michael Faraday)는 과학자가 되고 싶다는 일념하에 날마다 온갖 실험에 매달렸다. "실험 장비가 제대로 갖춰진 실험실에서 연구하면 전 세계를 깜짝 놀라게 할 만한 성과를 거두지 않을까?" 하지만 아쉽게도 현실은 그리 만만하지 않았다. 패러데이는 좁은 다락방에서 낡은 실험장비로 위대한 과학적 이론을 발견하며 과학 연구 발전에 기여했다. 그의 노력을 높이 평가한 험프리 데이비(Humphry Davy)의 추천으로 마이클 패러데이는 영국 왕립과학원의 일원이 될 수 있었다. 약국에서 일하던 시절 패러데이가 실험 장비가 갖춰진 실험실에서 실험하고 싶다는 공상에만 젖어 있었다면 패러데이를 자신의 인생 최고의 과학적 발견이라던 데이비의 극찬을 받지 못했을 것이다.

미켈란젤로는 버려진 대리석으로 인체의 아름다움을 섬세하게 묘사한 '다비드 상'을 세상에 선보이며 주목을 받기 시작했다. 그는 자신의 재능을 이용하고 보물로 승화시키는 법을 알았다.

똑같은 삶인데도 삶의 즐거움을 만끽하며 사는 사람이 있는가 하면, 한평생 주변에 대한 원망으로 불행하게 살아가는 사람이 있다. 삶에 대한 열정과 애정, 그리고 창의력을 잃은 사람은 하루하루 고통에 몸부림칠 수밖에 없다. 세상은 공평하다. 살아 있다는 것은 기회를 가졌다는 뜻이다. 삶은 산을 오르는 것과 같다. 당신보다 높은 산을 올랐다고 해서 당신보다 반드시 강하다는 것은 아니다. 마찬가지로 당신보다 높은 자리에 올랐다고 해서 영원히 당신 위에 군림한다는 뜻도 아니다. 왜냐면 살아 있는 한 기회가 있다는 뜻이고 나아가 미래가 있다는 뜻이기 때문이다.

운명은 당신이 가난하다고 해서 태어나지 못하도록 하거나 또는 당신이 부유하다고 해서 생명을 연장해 주지 않는다. 지금 당장 가난하다고 해서 평생 가난하라는 법 없고, 지금 부유하다고 해서 영원히 부유할 수 있는 것은 아니기 때문이다. 개인의 미래는 자신의 손에 달려 있다. 자신의 힘으로 삶의 목표를 추구하고 과감하게 도전해야 성공은 비로소 온전한 나의 몫이 된다.

그러니 자신이 가진 것을 소중하게 여겨라. 위대한 인물을 만들어내는 것은 정밀한 도구도, 천재일우의 기회도 아니다. 영향력을 지닌 친구나 막대한 부는 더더욱 아니다. 성공을 거둘 수 있는 최고의 비법을 다른 사람이 아닌 자신의 내면에서 찾아야 한다. 다시 말해서 주변의 환경이 아니라 내 자신에게 온전히 매달려야 한다. 행운, 기회 또는 타인의 도움이 아니라 온전히 내게만 속한 것에 집중해야 한다. 우리에게 성공할 수 있는 재능과 자격이 있다면 어느 누구도 그 성공을 가로막지 못할 것이다. 반대로 우리가 제대로 준비하지 못한다면 어느 누구도 우리가 성공할 수 있도록 도와줄 수 없다. 하늘은 우리에게 똑같은 기회를 주었다. 성공의 전당으로 들어갈 수 있는 열쇠는 다른 사람이 아닌 내 손으로 반드시 찾아야 한다.

● OPEN YOUR EYES ●

자신을 소중히 대해라. 모든 사람은 그 자체만으로 하늘이 내린 엄청난 선물이다.

집중력이 모든 것을 판가름한다

똑같은 시간 안에 많은 일을 해내는 사람을 우리는 유능하다고 생각한다. 하지만 개인의 능력은 그가 얼마나 많은 일을 했느냐가 아니라 그가 무엇을 해낼 수 있는가에 따라 판가름난다. 온종일 정신없이 일하고도 아무것도 이루지 못했다면 말 그대로 헛수고만 한 셈이다. 개인의 능력은 요컨대 집중력에 따라 좌지우지된다.

한 청년은 자신이 몸담고 있는 분야에서 작은 성과를 거뒀으나, 만족하지 못하고 크게 괴로워했다. 어느 날, 곤충학자 파브르(Jean Henri Fabre)를 찾아간 청년이 억울함을 호소했다.

"피곤한 줄도 모르고 제 모든 열정과 재능을 쏟아부었는데 얻은 게 별로 없습니다!"

그 모습에 파브르는 청년을 칭찬했다. "과학에 모든 걸 바친 열정적인 청년 같은데……."

"맞습니다, 전 과학을 사랑합니다. 물론 문학도 사랑합니다. 그리고 음악과 미술에 관심도 많은 편입니다. 그런 제가 모든 시간을 들였는데도 아무것도 얻지 못한 것 같습니다."

그러자 파브르가 호주머니에서 볼록렌즈를 꺼내들더니 작은 실험을 보여주겠다고 했다. 볼록렌즈를 종이 위에 가져다 댄 파브르가 햇빛을 한데 모으자, 연기가 나는가 싶더니 이미 종이에 불이 붙었다. 멍한 표정의 청년을 보며 파브르가 조용히 입을 뗐다.

"자네의 흥미와 재능, 시간 모두 볼록렌즈처럼 하나에만 집중시켜 보게."

사람의 능력에는 한계가 있다. 할 수 없는 일이 있기에 비로소 나만이 할 수 있는 일이 존재하는 법이다. 제한된 에너지를 하나로 집중시킬 때 비로소 성과를 낼 수 있다.

오늘날 많은 사람이 위의 이야기에 등장하는 청년처럼 똑같은 실수를 저지르고 있는 것 같다. 한 가지 일에 자신의 모든 재능과 노력을 바치지 않고 미래가 불안하다거나 일이 안 풀린다고 말한다. 당장 자신이 손대고 있는 일에서 작은 어려움이 생기면 자신이 잘못된 길을 선택한 것 같다며 사직서를 내거나 전공을 바꾼다. 하지만 내일 또다시 이러한 일이 생기면 역시나 같은 선택을 내린다. 이러한 과정이 여러 번 반복된다면 어떻게 발전하고 성공할 수 있겠는가?

사회에 처음 발을 디딘 청년들뿐만 아니라, 사회적으로 실력을 인정받은 베테랑 역시 이러한 실수를 쉽게 저지르곤 한다.

19세기 독일의 유명한 화가인 아돌프 멘첼(Adolf Von Menzel)은 다른 화가의 고민을 진지한 표정으로 듣고 있었다.

"난 도대체 모르겠네. 하루 만에 그려내는 그림을 파는 데 왜 일 년이나 기다려야 하는지!"

"거꾸로 생각해보게. 자네가 일 년 동안 열심히 그림을 그린다면 하루 만에 팔릴 수 있을 거라고 말일세."

거꾸로 생각해보라는 멘첼의 충고는 제한된 능력을 하나의 그림을 완성하는 데 쏟아붓는다면 사람들이 열광할 만한 걸작을 만들어낼 수 있다는 것을 설명한다.

두 마리 토끼를 잡으려다 한 마리도 못 잡는다는 속담처럼 성공하려면 '취사'에 능해야 한다. 한편으로는 고도의 집중력을 발휘해서 잘해 낼 수 있는 중요한 일을 깨끗하게 마무리해야 한다. 또 한편으로는 그다지 중요하지 않은 일이나 잠시 해 가지고는 안 되는 일을 과감하게 버릴 줄 알아야 한다. 족함을 알아야 부족함을 알고, 하는 것이 있어야 하지 않는 것도 있다는 가르침을 명심하라.

지금의 고통이 너무 많은 것을 좇다가 생긴 것이라면 자신에게 무엇이 가장 소중하고 중요한지 살펴봐야 한다. 그런 뒤에 당장의 목표를 이루고, 다음 목표를 달성해야 한다. 그렇게 해야 아무리 큰 시련과 고통도 극복할 수 있다는 믿음을 얻을 수 있다.

절실하게 매달리지 않으면 삶과 '타협'하면서 초심을 잃을 수 있다. 그리 길지 않은 삶이지만 자신의 꿈과 이상을 지키기 위해 열심히 싸워야 한다.

중도에 포기하지 마라

목표를 정했다면 결과가 어떻게 되든 어떻게 해서든 이루고 말겠다는 뚝심을
보여줘라. 한번 정한 목표는 중도에 포기하지 말고 반드시 이뤄야 한다.

100명이 성공했다는 뜻은 다시 말해서 성공으로 향하는 길이 최소한
100개 있다는 것과 일맥상통한다. 그 길이 모두 똑같지는 않겠지만
적어도 여기에는 한 가지 공통점이 존재한다. 그것은 자신이 하는 일
또는 몸담고 있는 분야에서 결코 지지 않겠다는 뚝심이다. 목표를 이
루기 전에 그들은 결코 성공으로 향하는 발걸음을 멈추지 않았다. 죽
음의 그림자가 항상 뒤쫓아 다녔지만 자신의 의지를 한 번도 굽히지
않은 사람이 있다. 그의 이름은 알프레드 노벨(Alfred Bernhard Nobel),
우리에게는 노벨상을 창설한 인물로 잘 알려져 있다.

1864년 9월 3일, 조용한 스톡홀름 교외에서 귀를 찢는 거대한 폭
발음과 함께 시커먼 연기가 뭉게뭉게 피어올랐다. 놀란 사람들이 사

고 현장에 달려왔을 때는 공장이 거대한 불길에 휩싸여 흔적도 없이 사라진 상태였다. 그 모습을 지켜보는 사람 중에는 서른 살 남짓의 청년이 끼어 있었다. 갑작스러운 사고에 놀란 청년은 새하얗게 질린 얼굴로 사시나무 떨듯 온몸을 부들부들 떨고 있었다. 끔찍한 사고에서 가까스로 목숨을 건진 청년은 훗날 세계적인 발명가로 이름을 떨치게 될 알프레드 노벨이었다.

노벨은 자신이 직접 세운 실험 공장이 잿더미가 되는 광경을 그저 멍하니 보고 있었다. 사람들은 시커먼 잔해 속에서 다섯 구의 시신을 찾아냈는데 그 중 한 명은 대학교를 다니고 있던 막내동생이었다. 나머지 사망자 역시 오랫동안 함께 일했던 친한 조수들이었다. 막내아들이 끔찍한 사고를 당했다는 소식에 심한 충격을 받은 노벨의 어머니는 뇌출혈을 일으키며 반신불수 상태에 빠졌다. 감당하기 어려운 고통과 실패 앞에서도 노벨은 흔들리지 않았다.

사고가 발생한 후, 경찰 당국에서 사고 현장을 즉시 폐쇄하고 노벨이 다시는 공장을 세우지 못하도록 엄격하게 금지했다. 사람들은 마치 못 볼 것이라도 본 것처럼 노벨을 피해 다녔고 아무도 그에게 공장을 지을 땅을 빌려주지 않았다. 하지만 노벨은 절대 포기하지 않았다. 그로부터 며칠 뒤 사람들은 시내에서 멀리 떨어진 호수 한가운데에 떠 있는 정체불명의 배를 발견했다. 어찌된 영문인지 배 위에는 화물 대신 각종 설비가 실려 있었다. 그리고 그 가운데서 누군가가 수상한 실험을 하고 있었다. 그 청년은 폭발 사건에서 간신히 목숨을 건졌지만 사람들에게 쫓겨난 노벨이었다.

위험천만한 실험에서 노벨은 배와 함께 폭발해 물고기 밥이 되는 신세를 면할 수 있었다. 오히려 우연한 기회에 뇌관을 발명하는 데 성공했다. 폭발학 분야에서 뇌관의 등장은 일대 혁명이나 다름없었다. 당시 여러 유럽 국가가 공업화를 추진하는 데 박차를 가하고 있었다. 공업화를 뒷받침하려면 광산, 철도, 수로, 운하 등을 지어야 했는데 여기에 없어서는 안 되는 것이 바로 폭약이었다.

그가 뇌관을 발명했다는 소식이 전해지면서 사람들은 그에게 관심을 보이며 앞다투어 후원하고 싶다는 뜻을 전했다. 이 일을 계기로 노벨은 실험실을 스톡홀름 근교로 이전한 뒤 최초의 니트로글리세린 공장을 세웠다. 이어서 독일 함부르크 등지에도 폭약 공장을 세우는 성공을 거뒀다. 뒤이어 노벨이 생산한 폭약이 시장에서 날개 돋친 듯 팔리면서 세계 각지로부터 주문이 쇄도하기 시작했다. 이로써 노벨은 막대한 부와 명성을 거머쥐는 데 성공했지만 좀처럼 재앙의 그림자에서 벗어나지 못했다.

캘리포니아에서 화약을 운반하던 기차가 진동으로 폭발하면서 흔적도 없이 사라지고 말았다. 독일 공장에서는 니트로글리세린을 운반하던 중에 가벼운 충돌이 일어나 공장은 물론 주변 민가가 한줌의 재가 되어 버렸다. 파나마에서도 니트로글리세린을 운반하던 화물선이 대서양을 항해하다가 가벼운 충격으로 폭발하며 깊은 바닷속으로 가라앉고 말았다…….

계속 들려오는 사고 소식에 사람들은 다시 노벨을 멀리하기 시작했다. 지난번 사고 당시 현지 주민들로부터 따가운 눈총을 받았다면, 이번에는 세계적으로 조롱을 받으며 돈만 밝히는 속물이라고 맹비난을 받아야 했다.

그렇게 노벨은 또다시 사람들로부터 버림을 받았다. 연이은 사고 소식에도 노벨은 기죽지 않고 자신이 선택한 목표를 이루기 위해 모든 노력을 쏟아부었다. 그 과정에서 노벨은 언제나 죽음의 순간에 노출되어 있었다.

폭약의 위력은 가히 압도적이었지만 두려움 없는 용기와 굽힐 줄 모르는 신념으로 무장한 노벨은 폭약을 '정복'하겠다며 자신의 모든 능력을 총동원했다. 그 결과, 노벨은 평생 355개에 달하는 특허를 발명했을 뿐만 아니라 자신이 벌어들인 막대한 부로 노벨상을 만들어 인류의 과학 발전에 크게 기여했다.

노벨의 성공은 목표를 이루는 과정에서 흔들리지 않는 마음이 필수불가결한 조건이라는 것을 알려준다. 잠재력을 발휘하는 필수조건이기도 한 흔들리지 않는 마음이 뭔가를 '추구'하려는 마음과 결합될 때 어떤 시련에도 꺾이지 않는 불굴의 의지와 힘으로 승화된다.

뿐만 아니라 노벨의 성공은 뭔가를 이루고 싶다면 중도에 포기하지 말고 좌절 앞에서 무너져선 안 된다고 말한다.

위대한 성공은 역량이 아니라 끈기에서 비롯된다. '장기전'에 속하는 비즈니스 경쟁에서 포기할 줄 모르는 끈기 있는 경영자가 최후의 승자가 된다. 토끼와 거북의 경주 이야기에서 알 수 있듯, 경주의 승리자는 발 빠른 토끼가 아니라 느릿느릿한 거북이었다는 것은 토끼에게 끝까지 해보겠다는 의지가 없었기 때문이다. 그래서 치열한 비즈니스 세계에서 살아가는 경영자에게 흔들리지 않는 마음과 끈기는 필수 덕목이다.

목표를 향해 묵묵히 걸어가는 사람은 그 어떠한 실패와 시련도, 심지어 온 세상 사람이 덤벼들어도 막지 못한다.

자신의 처지를 바꾸고 싶다는 사람을 주변에서 어렵지 않게 찾아볼 수 있지만 정작 그러한 바람을 구체적인 목표로 승화시키기 위해 노력하는 사람은 그리 많지 않다. 그 결과, 더 나은 자신이 되기를 바라는 마음은 헛된 바람으로 남을 뿐이다.

하버드대학교에서는 IQ, 학력, 환경 등 객관적인 조건이 거의 비슷한 젊은이들을 대상으로 무려 25년에 걸쳐 한 가지 실험을 진행했다. 목표가 인생에 미치는 영향을 조사하는 실험의 결과는 이러했다.

목표가 없는 사람: 27%, 목표가 모호한 사람: 60%, 명확하지만 단기적인 목표를 지닌 사람: 10%, 명확하면서도 장기적인 목표를 지닌 사람: 3%

25년 후 해당 그룹에 속하는 조사 대상자들은 과연 어떤 모습이었을까?

명확하면서도 장기적인 목표를 지닌 3%의 사람들 대부분이 자신의 인생 목표를 25년 동안 바꾸지 않았다. 그들은 자신의 목표를 위해 끊임없이 노력했다. 25년 후 그들 중 대부분이 사회 각 분야에서 창업자, 사회 지도층, 리더로서 명성을 날리고 있었다.

명확하지만 단기적인 목표를 지닌 10%의 사람들은 사회 중상위 계층으로 살아가고 있었다. 단기적인 목표를 끊임없이 추구하다 보니 안정적으로 삶의 질을 보장받을 수 있었다. 의사, 변호사, 엔지니어, 고급 매니저 등으로 각 분야에서 전문가로 활동 중이었다.

목표가 모호했던 60%의 사람들 역시 안정적으로 일과 삶을 영위하고 있었다. 하지만 사회적으로 특별한 영향력을 발휘하지 못하는 중하위 계층으로 분류됐다.

나머지 27%의 사람들은 사회 최하위 계층으로 실업자가 되어 사회 복지 제도를 통해 생계를 연명하는 불안한 삶을 살고 있었다. 그러면서도 타인, 사회, 나아가 세상을 끊임없이 원망했다.

실험 조사자는 연구 보고서의 결론에 목표는 인생의 방향을 정해주는 나침반과 같다고 결론 내렸다. 성공은 본래 하나의 선택일 뿐이다. 어떤 목표를 선택했느냐에 따라 전혀 다른 인생이 펼쳐진다.

많은 사람이 성공하지 못하는 까닭은 무엇인가? 자신의 계획을 제대로 완료하는 사람은 5%에 불과하다. 거의 모든 사람이 자신의 목표를 버리든지 아니면 행동이 뒷받침되지 못하는 공상에 취해 살아간다.

도마뱀 꼬리를 자르면 놀란 도마뱀의 한쪽은 앞으로 가고 그 자리에는 꿈틀거리는 꼬리만 남아 있다. 뭔가를 할 때 목표를 여러 개로 분리하면 만족할 만한 결과를 얻기 어렵다. 그러니 당신의 주의력을 분산시키는 사람과 환경을 멀리하라.

나 자신을 온전히 받아들여라

스스로 자신을 인정하고 받아들여야 모든 유혹에서 벗어나고 자신의 생각, 인연에 따라 살 수 있다. 그것이 바로 의미 있는 삶이다.

우리는 왜 살아가면서 방황하고 고통 받는 것일까? 왜 공허함과 번뇌에 몸부림치는가?

우리는 자신을 받아들이지 못해서 괴로워하고 자신을 인정할 수 없어서 마음 한쪽이 늘 헛헛하고 고통스럽다. 그럴듯한 명예와 허영심에 취하면 자신을 잃고 물욕에 빠지기 쉽다. 헛된 명성을 등에 업고 타인을 무시하거나 자신의 실패를 모두 타인이나 사회 탓으로 돌린다.

살아가면서 자신을 제대로 모르는 것보다 위험한 것은 없다. 맹목적으로 자신을 타인과 비교하거나 자신의 가치를 부정한다면 영원히 번뇌에서 벗어날 수 없다.

신학자들은 자신을 인정하고 받아들일 때 비로소 모든 유혹에서 벗어나고 자신의 본능에 따라 살아갈 수 있다고 지적한다.

　　아주 오래전 어느 날, 거대한 사원이 세워지면서 사람들은 날마다 기도를 올렸다. 신을 향한 자신들의 믿음을 드러내기 위해 사람들은 모두 함께 봉양을 올릴 수 있는 커다란 불상을 만들 수 있는 최고의 조각가를 보내 달라고 부처님께 빌었다. 그들의 정성에 감동한 여래(如來)가 조각 솜씨가 뛰어난 나한(羅漢)을 조각가로 위장해 속세로 보냈다.

　　조각가는 미리 준비된 두 종류의 석재 중에서 질 좋은 석재를 고른 뒤 작업을 시작했다. 망치질을 몇 번 하지도 않았는데 돌이 아프다며 소리치는 게 아닌가!

　　"연마하지 않으면 넌 평생 보잘것없는 돌덩이로 살아야 할 테니 아파도 좀 참거라."

　　"아파 죽겠습니다. 제발 망치로 그만 두드리십시오." 돌의 애원에 조각가는 결국 정과 망치를 내려놓고 말았다. 그러고는 아까 선택하지 않았던 질이 떨어지는 석재를 끄집어내서 망치질을 시작했다. 돌은 조각가가 자신을 선택해 준 고마움에 아파도 묵묵히 참았다. 비록 자신에게 문제가 많지만 조각가의 섬세한 손길을 거치면 멋진 예술작품으로 탄생할 것이라고 확신했다.

　　돌의 상태가 썩 좋지 않다는 것을 확인한 조각가는 자신의 실력을 자랑하기 위해 평소보다 한결 진지하게, 한결 정교하게 작업에 임했다.

얼마 뒤, 엄숙하면서도 기백 넘치는 불상이 모두에게 공개됐다. 그 모습에 사람들은 큰 감동을 받으며 불상을 불단에 올려 두었다.

영험한 기운이 깃들었다는 소문이 삽시간에 퍼지면서 사원을 찾는 사람들의 발걸음이 끊이지 않았다. 참배객들의 편의를 위해 사원에서는 고통을 참지 못했던 돌을 마을로 보내 길을 닦는 데 쓰도록 했다. 조각가의 망치질을 견디지 못했던 탓에 이제는 사원과 마을을 오가는 사람들의 발걸음, 수레나 말에게 짓밟혀야 하는 운명에 처한 것이다. 자신과 달리 높은 불단 위에 편안히 앉아 사람들로부터 절을 받고 있는 돌을 보자니 속에서 열불이 나는 것 같았다.

그러던 중 우연히 이곳을 지나게 된 부처님을 발견한 돌이 불만을 쏟아내기 시작했다. "부처님, 어떻게 이러실 수 있습니까! 지금 불단에 올라간 돌은 저보다 못한 녀석인데 사람들한테 절을 받고, 전 여기서 발길질 당하거나 말똥 세례를 받는 게 고작입니다. 어디 그뿐인가요? 여름에는 뜨거운 햇살과 빗줄기, 겨울이면 차가운 바람과 눈을 고스란히 맞기도 하죠. 어찌 내게만 이리 매정하단 말입니까!"

"불단의 돌이 너보다 자질이 못할지 모르겠으나 날카로운 정과 망치질을 참아냈기에 지금의 자리에 오를 수 있었던 것이다. 네가 그때의 아픔을 견디지 못했으니 지금과 같은 처지에 놓인 것이고."

똑같이 세상에 태어났지만 저마다의 능력에 따라 각양각색의 처지에서 살아간다. 사람은 대자연의 위대한 걸작으로 누구도 흉내낼 수 없는 저만의 장점을 지녔다. 결이 울퉁불퉁한 돌이 높은 불단에 올라 사람들로부터 절을 받을 수 있는 것은 돌 스스로 자신의 처지를 받아들였기 때문이다. 그런 점에서 우리는 각자 그 가치를 인정받을 수 있는 곳을 찾아야 한다.

당신이 타인에게 호의를 베풀고 솔직하게 대할 때 모든 아름다움이 한꺼번에 터져 나온다. 사람들은 더 이상 외모나 말솜씨로 당신을 평가하는 것이 아니라 선량한 마음씨, 인간적인 매력에 매료될 것이다. 이보다 더 중요한 사실은 내면의 아름다움은 결코 시간에 따라 변하거나 사라지지 않고, 영원하다는 것이다.

우리는 어떤 환경에서 태어날지 선택할 수 없다. 어떤 가정에서 태어나든 고상한 인품, 깨끗한 양심을 잃지 않는다면 진흙 속에서 피어나는 한 송이 연꽃처럼 고고한 자태를 지닐 수 있을 것이다.

담담하게 자신을 받아들여라. 어두운 면도 받아들여서 밝은 면으로 바꾸는 것이다. 한번 그 가치가 만천하에 드러난 이상 다시는 어둠으로 돌아갈 수 없다.

위대한 사랑, 가르침, 인자함도 모두 당신이라는 존재를 통해 현실로 발현된다. 자신의 현실을 받아들일 때 존재는 비로소 가치를 지니게 되고, 타인의 현실을 인정할 때도 같은 상황이 일어난다.

행복으로 통하는 길은 결코 어렵지 않다. 다음의 내용을 참고해서 행복해지는 법을 연습해보기 바란다.

자신을 받아들여라

눈앞에 아무리 괴로운 고통이나 고민, 시련이 있다고 해도 뭔가를 더하거나 뺄 필요 없다. 그저 지금 그대로의 자신이 완벽하고 아름답다는 사실을 이해하고 받아들여라. 그래야 모든 괴로움이 눈 녹듯 사라질 것이다.

타인의 현실을 받아들여라

다른 사람에게 어떤 습성이 있는지, 혹은 믿을 만한 사람인지 그들을 자신의 입맛대로 바꾸려 하지 마라. 상대 역시 당신의 호감을 얻으려고 자신을 바꾸지 못할 것이다. 다른 사람이 당신의 허락을 구할 필요가 없듯, 당신 역시 상대의 허락을 구하지 않아도 된다. 그들에게 문제가 없듯, 당신에게도 문제가 없다. 누가 옳고 누가 틀렸다의 문제가 아니다. 상대와 당신은 모두 평등한 위치에 있다. 당신이 상대를 받아들일 때 영혼이 자유롭다는 것을 깨달을 수 있을 것이다. 또한 상대를 받아들이는 만큼 자신에게도 더 큰 확신이 들 것이다.

현재의 상황을 받아들여라

지금 당신이 살아가는 현실을 바꿀 필요가 없다. 모든 인생 경험은 당신을 성장으로 이끌 것이고, 모든 인생의 함정을 통해 사랑의 위대함을 배울 수도 있다. 그러니 지금의 당신을 애써 변명할 것 없다. 안 그러면 자신이 뭔가 부족하다고 느끼기 쉽다. 당신은 아무것도 잃지 않았고 부족하지도 않다. 이렇듯 자신이 현재 살아가는 상황을 받아들여야만 비로소 마음의 평화를 얻을 것이다.

● OPEN YOUR EYES ●

자신의 평범했던 과거를 받아들이는 법을 배워라. 정상에 오른 다른 사람을 부러워하지 말고 있는 그대로의 자신을 받아들여라. 설사 지금은 산 밑에 있다고 해도, 정상에 오르겠다는 용기를 버리지 마라. 당장 아무것도 손에 쥐고 있지 않지만 더 나아지겠다는 믿음으로 무장하고 끊임없이 나아가라. 자신의 불행을 인정하고 자신의 인생을 경영하라. 세상에 태어난 이상, 모든 사람에게는 자신만의 길이 있다. 그 길을 용감하게 나아가는 것이 바로 우리의 의무다.

자신을 무시하지 마라

다른 사람은 나를 무시해도 되지만 당사자인 나는 나를 무시해서는 안 된다.
우리 대부분은 '흙수저'로 태어나 과거의 시련 속에서 지혜와 용기를 배웠다.
자신에게 속한 삶과 일을 개척하는 데 앞장서라.

인생이라는 기나긴 길을 걷는 것을 '인생수업'이라고 부를 수도 있다. 일반 수업과 한 가지 다른 점이 있다면 충분한 조건을 갖췄는데도 스스로 선택할 수 없다는 것이다. 이를테면 가정의 경제력, 지적 능력, 외모 등 선천적인 요소는 우리가 스스로 선택하거나 바꿀 수 없다. 하지만 성장 환경 또는 삶의 기회 같은 후천적인 요소는 자신의 의지와 태도, 그리고 방식에 따라 선택할 수 있다.

그러니 다른 사람과 비교할 필요가 없다. 이런 이유로 자신을 무시하는 것은 더더욱 불필요하다. 하나의 온전한 생명으로서 당신은 눈부신 빛을 내뿜고 있다. 그 빛은 다른 사람이 주는 것이 아니라, 나 자신이 만들어내는 것이다. 생명의 가치는 우리가 거둔 성과나 인맥에서 비롯되는 것이 아니라, 나 자신에게서 비롯된다. 그래서 나 자신이 얼마나 독특한 존재인지 결코 잊어서는 안 된다. 생명에는 '귀천'이 없다. 독수리에 비해 꿀벌이 하찮게 보일 수도 있겠지만 꽃가루를 옮기는 꿀벌이 없다면 인간은 물론 대자연은 존재하지 못했을 것이다.

미국의 자동차 왕이라고 불리는 헨리 포드는 젊은 시절 오래전부터 동경하던 고급 레스토랑에서 식사할 기회를 얻었다. 수수한 옷차림에 평범한 외모를 지닌 그가 자리를 잡고 앉은 지 15분이 지나도록 어떤 종업원도 그의 테이블에 오지 않았다. 잠시 뒤에 한 종업원이 억지로 그의 자리에 와서 음식을 주문하겠냐고 물었다.

고개를 끄덕이는 포드에게 종업원은 귀찮다는 듯 메뉴판을 '툭' 하고 던졌다. 메뉴판을 살피는 포드를 보며 종업원은 거만한 말투로 입을 열었다. "너무 자세하게 볼 필요는 없을 것 같군요. 손님께서 보셔야 할 쪽은 오른쪽 부분(즉 가격)이거든요, 왼쪽은 굳이 보지 않아도 되겠네요."

그 말에 헨리 포드는 기분이 상했지만 이내 침착함을 되찾았다. '다른 사람이 나를 무시하는 데는 그럴 만한 이유가 있어서야. 다른 사람으로부터 존중받고 싶으면 그럴 만한 가치가 내게 있어야겠지.' 그 순간 포드는 평소 어머니가 자신에게 들려줬던 충고가 떠올랐다. "살면서 힘든 일, 괴로운 일을 겪게 될 거다. 다른 사람을 불쌍하게 생각해도 자신을 동정해서는 안 돼!" 결국 헨리 포드는 메뉴판을 돌려주며 햄버거를 주문했다.

그 일을 계기로 헨리 포드는 누구에게나 존중 받을 수 있는 유명 인사가 되겠다고 다짐했다. 자신의 꿈을 향해 꾸준히 달려간 끝에 헨리 포드는 평범한 자동차 수리공에서 미국의 산업계를 쥐락펴락 하는 '자동차의 왕'으로 등극할 수 있었다.

우리는 살아가면서 다양한 기회, 환경, 역할에 놓이게 되지만 모든 사람은 본질적으로 하나같이 고귀한 존재다. 다른 사람이 나를 비웃을 수는 있어도 내가 나 자신을 깔보면 안 된다. 왜냐면 나는 그들과 마찬가지로 소중하고 세상에서 하나뿐인 존재이기 때문이다. 누구도 나를 대신할 수 없다는 자신감으로 무장해서 자신의 역할과 가치를 최대한 발휘해야 한다.

우리의 가치는 사회적 지위나 물질적 수준처럼 겉으로 드러나는 것이 아니라, 더 나은 자신으로 성장하고 나의 잠재적 재능에 걸맞은 사람으로 발전하는 데서 비롯된다.

셰익스피어는 우리가 자신을 진흙으로 여기면 다른 사람이 마구잡이로 밟고 다녀도 되는 비참한 존재가 된다고 말했다. 대개의 경우 우리는 자신을 믿지 못하고 다른 사람의 능력을 높이 평가한다. 그래서 뭘 하더라도 타인의 인정을 받아야 정확하다고 여긴다. 우리는 다른 사람의 재능, 행운과 업적을 부러워하는 동시에 나 자신을 닥치는 대로 '낭비'한다. 나 자신 외에 어느 누구도 나를 무시할 수 없다. 자신에 대한 믿음으로 바로 서야 그 어떠한 부정적인 영향도 우리를 무너뜨릴 수 없다.

● OPEN YOUR EYES ●

치열한 경쟁을 날마다 겪으며 자신을 구할 수 있는 것은 나 자신 뿐이라는 사실을 확실히 깨달아야 한다. 다른 사람이 나를 무시 한다고 해도 당사자인 나는 나를 무시해서는 안 된다.

타인과의 격차를 최소화하라

삶은 끊임없이 자신을 뛰어넘어야 하는 과정의 연속이다. 다른 사람의 성공은 영원히 남의 것이다. 그러니 자신보다 더 뛰어난 인물과의 격차를 줄여야 한다.

지금보다 더 나은 자신이 되기 위해 꾸준히 노력을 기울이는 것은 본질적으로 말해서 '자아성장'의 과정이다. 뛰는 놈 위에 나는 놈 있다는 말처럼 최고의 삶은 없고 더 나은 삶만 존재할 뿐이다. 끊임없이 지금보다 나아지기 위해 열심히 땀 흘린다면 결코 도태되는 일 없이 자신의 목표를 향해 달려 나갈 수 있을 것이다. 그렇다면 더 나은 자신이 되기 위한 '뚝심'은 어떻게 길러야 할까? 먼저 흔들리지 않는 신념이 있어야 한다.

광활한 바다 한가운데서 만난 랍스터와 소라게. 단단한 껍데기를 벗어던진 채 부드러운 속살을 드러낸 랍스터의 모습에 소라게가

소스라치게 놀랐다. "랍스터야, 널 지켜주는 유일한 껍데기를 버리면 어떡해! 큰 물고기한테 잡아먹힐까 무섭지도 않아? 지금 상태라면 급류에 휘말려 단단한 바위에 부딪힐 수도 있어!"

"걱정해 줘서 고맙긴 한데 우리는 매년 탈피라는 걸 해. 낡은 껍데기를 버려야 더욱 단단한 껍데기를 지닐 수 있지. 지금의 위험은 더 나은 미래를 위한 준비일 뿐이야."

그 말에 소라게는 자신의 처지를 돌아보았다. 온종일 이곳저곳 돌아다니며 몸을 숨길 만한 곳을 찾아다녔을 뿐, 자신을 더욱 강하게 만들기 위해 한 번도 노력해본 적이 없다는 사실을 깨달았다.

사람은 누구나 저만의 '안전거리'가 있다. 현재의 성과를 뛰어넘고 싶다면 안전거리 안으로 숨어들지 말고 과감하게 그 밖으로 나가라. 자신에게 충실할수록 상상보다 훨씬 멋진 자신을 만나게 될 것이다. 쉬지 않고 자신을 뛰어넘는 과정에서 실패를 피할 순 없다. 그렇다고 해서 겁낼 것 없다. 모든 실패는 성공에 한 발 더 다가갈 수 있는 발판이니 좌절하지 말고 한 번 더 도전해보라. 돌보다 단단한 것이 무엇일까? 그것은 꾸준함이다. 강물이 거대한 바위를 뚫는 것도 꾸준함 덕분이다.

아마도 삶이라는 길 곳곳에는 웅덩이와 가시 덩굴이 뒤엉켜 있을 것이다.

아마도 우리가 추구하는 '길'은 화려한 '꽃길'이 아니라 어디서나 흔히 볼 수 있는 '흙길'일 것이다.

아마도 앞을 향하는 우리의 발걸음은 무겁고 비틀거릴 것이다.

아마도 우리의 경건한 신념은 세상의 먼지를 뒤집어 쓴 채 훨훨 날아오르지 못할 것이다.

아마도 우리의 고귀한 영혼은 현실에서 몸을 기댈 만한 곳을 찾지 못하고 방황할지도 모른다.

그렇다면 우리는 왜 용감하게, 자신 있게 한 번 더 도전하라고 자신에게 말하지 못하는가?

한 번 더 도전하면 우리는 지금보다 더 나은 모습으로 성장할 수 있을 것이다.

● OPEN YOUR EYES ●

더 높은 이상이 없기에 우리는 현실에 쉽게 만족한다. 자신에 대한 믿음이 부족한 탓에 미래를 마주하지 못한다. 자신이 그린 원 안에서 벗어나기 싫어서 제자리에 머물러 있기 때문이다. 자신을 뛰어넘을 수 없으니 잠재력도 발휘할 수 없다. 삶에는 올라도 올라도 끝이 보이지 않는 까마득한 산봉우리가 언제나 존재한다. 이것은 더 나은 존재와의 격차를 최대한, 꾸준히 줄이려는 노력이 필요함을 의미한다.

실패는 성공을 위한 준비다

성공하고 싶으면 '유연성'을 길러라. 실패에 부딪쳤다고 해서 책임을 회피하지 말고 다음의 성공을 위해 교훈을 얻도록 하라.

성공으로 통하는 길에서 실패, 잘못 등은 피할 수 없는 일이다. 그러한 상황에서 도망치거나 책임을 전가하지 말고 과감하게 도전해야한다. 스스로 책임을 진다는 것은 성숙한 인격을 실천하는 것이다. 그리고 이보다 더 중요한 것은 부적절한 행동을 한 원인을 되짚어 원인과 경위를 정확하게 파악해야 한다. 업무 능력이 부족했는지, 준비가 부족했는지, 아니면 객관적인 조건을 갖추지 못했는지 등등. 그래야 비슷한 상황에 또다시 놓였을 때 문제의 원인을 즉시 파악해서 똑같은 실수를 또다시 저지르는 상황을 피할 수 있다. 요컨대 아픈 만큼 성숙해지는 법이다.

아이러니하게도 실패했을 때가 성공의 노하우를 가장 쉽게 찾아낼 때다. 자신의 부족함을 깨달을 수 있는 절호의 기회이기 때문이다. 성공한 사람은 실패와 잘못을 인생의 또 다른 '보물'이라고 말한다. 미국의 발명가 에디슨 역시 실패를 두려워하지 않았다. "1,000번 실수하는 건 두렵지 않습니다. 적어도 지난 1,000번 동안의 노력이 통하지 않는다는 걸 알았으니까요, 그래서 1,001번째 다시 도전할 수 있을 겁니다." 많은 사람이 좌절하거나 실패했을 때 한 가지 공통점을 보인다. 자신이 상처 입는 것을 도저히 지켜볼 수 없다며 초기에 문제를 파악할 수 있는 기회를 스스로 버린 채 도망치기 바쁘다. 그렇게 해서 상처가 쌓이기 시작하면 결국 크게 후회하게 된다.

생방송 프로그램에서 사회자는 돌발 상황을 가장 두려워한다. 수많은 시청자가 지켜보고 있으니 이러지도 저러지도 못한 채 식은 땀만 흘릴 뿐이다.

금혼식을 맞이한 노부부들을 겨냥해 제작된 프로그램의 사회를 맡은 젊은이가 있었다. 이날 초대된 노부부들은 다양한 분야에서 업적을 세운 과학자들이었다.

생방송 현장에서 사회자가 원로 과학자를 향해 마이크를 갖다 대자, 상대는 마이크를 낚아채며 대화를 이어갔다. 생방송 중인 사회자가 마이크를 인터뷰 대상에게 넘겨주었다는 건 한마디로 말해서 '방송사고'를 의미한다. 현장의 상황을 전혀 통제할 수 없기 때문이다. 거기에 상대가 해서는 안 되는 말을 한다면 걷잡을 수 없는 사태가 발생할 수도 있다. 모두가 지켜보는 가운데 사회자는 마이크를 잽싸게 '회수'하지 못했다.

원로 과학자에게서 두 번이나 마이크를 가져오려 했지만 상대 과학자는 여전히 마이크에서 손을 놓지 않았다. 이보다 더 심각한 것은 두 사람이 마이크를 두고 옥신각신하는 장면이 고스란히 전파를 타고 안방까지 전해졌다는 것이다. 무대 밖의 감독이 화가 났는지 격한 손짓을 취했지만 사회자는 식은땀만 줄줄 흘릴 뿐이었다.

방송이 끝난 후 시청자들로부터 강한 질타가 쏟아졌다.

사고 발생 후, 사회자는 원로 과학자를 탓하기보다는 오히려 자신에게 책임이 있다는 것을 솔직히 인정했다. 이어서 당시의 상황을 차분히 돌이켜 보며 문제가 일어나게 된 원인을 파악했다. 생방송이 진행되기 전에 인터뷰할 상대의 말하는 습관이나 성향을 미리 파악했더라면 난처한 상황을 피할 수 있었을 것이라는 점이었다.

비판을 겸허하게 수용하고 자발적으로 책임을 받아들여야 사회자로서 좀 더 성숙한 인격과 경험을 갖출 수 있다고 그는 판단했다. 그 후 그에게는 한 가지 습관이 생겼다. 초대 손님이 누구든지 간에 프로그램 촬영 전에 반드시 상대의 집을 방문해 대화를 나누거나, 상대에 관한 자료를 조사해 성향을 파악하곤 했다. 그 덕분에 '마이크 사건' 이후 사회자는 자신의 경력에 '금'이 가는 실수는 다시는 저지르지 않았다.

살아가면서 평생 실수도 하지 않고 실패도 겪지 않는 것은 불가능하다. 정말로 잘못을 저질렀다면 흔들리지 않는 투지로 실패에 도전하고, 의지를 다져 실력을 기를 수 있는 '절호의 기회'로 삼아라. 현실을 과감하게 받아들일 때 비로소 실패의 이유를 있는 그대로 파악하고, 이를 새롭게 성공할 수 있는 동력으로 활용할 수 있다.

● OPEN YOUR EYES ●

모든 실패는 성공을 위한 밑거름이다. 원망과 불만은 성공으로 향하는 발걸음만 방해할 뿐이다. 마음의 짐을 내려놔라. 담담하게 실패를 인정하는 것은 현명한 자의 몫이다. 원망은 현실을 바꾸지 못하지만 치열한 노력은 희망을 가져온다.

6장
일의 함정에서
벗어나라

일의 함정에 빠지면
효율이 떨어진다

누구를 위해서가 아니라 자신을 위해, 좋아하는 일을 하라. 그래야 훨씬 많이, 훨씬 빨리, 훨씬 잘해 낼 수 있다.

누구를 위해 일하는가?

많은 직장인이 자신을 위해 일한다고 생각하지 못하고 다른 누군가를 위해 일한다고 생각한다.

스스로 가치 있다고 생각하는 일을 할 때는 주변의 시시껄렁한 평가나 참견은 무시해도 좋다. 운명은 당사자의 몫이다. 자신의 운명을 장악하고 나아가 괄목할 만한 성과까지 올렸다면 남의 평가 따위에 결코 무릎 꿇지 마라.

당신의 동료, 상사를 포함한 모든 사람은 살아 있는 한 일해야 한다. 일은 인생의 균형을 잡는 '축'으로서, 개인의 삶에 지대한 영향을 미친다. 직장에서 존중이나 즐거움을 얻지 못한다면, 또한 존엄이나 의미를 찾을 수 없다면 행복한 삶을 영위할 수 없다.

유명한 한 경영학자가 파나소닉, 소니 등 대형 전자업체에서 근무하는 직원들을 상대로 인터뷰를 진행했다.

"무슨 일을 하십니까?"

"조립 작업을 담당하고 있습니다."

"나사를 조이는 일을 하고 있습니다."

"......."

그들 모두 지금 자신이 몸담고 있는 일 자체에 대해서만 이야기했을 뿐 학자가 듣고 싶어 하는 대답을 단 한 명도 들려주지 않았다.

돈을 벌기 위해서만 일하면 다람쥐 쳇바퀴 돌듯 따분한 일상이 반복될 뿐이다. 하지만 자신을 위해 일하게 되면 일을 통해 성취감을 얻을 수 있는 것은 물론, 자신을 향한 사람들의 관심과 기대도 한 몸에 받을 수 있다. 당신이 다른 사람에게 선사한 즐거움이 타인에게 이익이라는 성과로 승화될 때 비로소 삶의 가치가 구현된다.

한 기업에서 오랫동안 근무한 직원의 말을 들어보자. "박사 학위를 딴 뒤, 비슷한 실력을 지닌 동기와 함께 다국적 기업에 입사했었죠. 당시 친구가 저보다 훨씬 높은 급여를 받고 있었다는 사실을 알고는 자존심이 무척 상했죠. 그러다 보니 일할 의욕이 점점 떨어졌고 무슨 일을 하든지 작은 실수가 끊이지 않았어요. 업무 효율도 점점 떨어지고…… 아무래도 여긴 내가 있을 곳이 아니라는 생각마저 들었습니다."

이렇게 말하는 직원은 어리석다 못해 불쌍하기까지 하다. 돈 때문에 일을 선택한 그는 친구보다 덜 받았으니 그만큼 덜 일해야 한다고 생각했기 때문이다. 손해 보지 않겠다는 일념에 재빨리 '계산기'를 두드리는 자신이 왠지 똑똑한 것처럼 느껴졌다고 했다. 하지만 그는 그로 인해 배움과 승진의 기회를 스스로 버렸다는 사실을 끝내 깨닫지 못했다. 이처럼 눈앞의 작은 이익에 사로잡히다 보면 인생을 역전시켜 줄 절호의 기회를 잡을 수 없다.

앞의 청년은 자신의 수준에 맞는 일자리를 찾겠다며 구인 사이트를 밤낮없이 들락거렸다. 그러나 좀처럼 원하는 직장을 찾지 못하자 청년은 결국 자신의 생각이 잘못되었음을 깨닫게 되었다. 그는 자신이 구직 초기에 기대했던 연봉보다 훨씬 적은 품질 검사 담당자로 입사했다. 취업한 지 보름이 지난 후 청년은 생산 단가에 비해 품질이 형편없다는 사실을 발견하고는 기술 혁신을 통해 시장을 공략해야 한다며 사장을 적극적으로 설득했다. 쥐꼬리만 한 월급을 받으면서 뭐 하러 일을 키우느냐는 주변의 반응에도 청년은 돈이나 승진 때문이 아니라 좋아서 하는 일이라 하나도 힘들지 않다고 대답했다.

그로부터 몇 개월이 지난 후, 청년은 부사장으로 파격 승진했다. 연봉도 원래보다 몇 배나 뛰었다. 지난 몇 개월 동안 회사의 이윤도 몇 배가 뛰었다.

주변의 시선을 의식하지 말고 적극적으로 배우고 일해라. 돈 때문에 일한다거나, 사장이 시켜서 일한다는 수동적인 태도를 버려야 한다.

사람이 갑자기 넘어지면 보통 세 가지 반응을 보인다.

첫째, 일어나기 귀찮다며 제자리에 주저앉는다.

둘째, 재빨리 일어난 뒤 한바탕 욕설을 퍼붓고 가던 길을 재촉한다.

셋째, 재빨리 일어나서 자신이 넘어진 이유를 찾는다.

한평생 순풍에 돛 단 듯 모든 일이 술술 풀리는 사람은 없다. 그러니 시련이나 좌절에 부딪혔을 때 과감하게 도전해야 한다. 바위나 나무처럼 아무런 깨달음이 없거나 달걀처럼 쉽게 깨진다면 자신의 가치를 드러내거나 주변으로부터 존중받을 기회도 얻지 못할 것이다.

● OPEN YOUR EYES ●

일은 다른 사람이 아니라 나 자신을 위해 하는 것임을 명심하라. 일에서 즐거움을 찾고 자존감을 찾아라. 그래야 무슨 일을 하든지 스스로에게 의미를 부여할 수 있고 삶의 가치도 더 커진다.

좋아하는 일을 하라

자신의 일에 애정이 없고 소속감을 갖지 못하는 사람을 주변에서 어렵지 않게 발견할 수 있다. 자신이 하는 일을 사랑할 때 업무의 질은 향상된다. 일하면서 생기는 피로감이 오히려 반감되기 때문에 업무 효과가 강화되는 결과도 기대할 수 있다.

누구나 자신만의 업무 태도를 선택해야 한다. 일할 때 당신은 어떤 사람인가? 적당히 대응하는 편인가, 아니면 눈에 띄는 성과를 올리고 싶은가? 자신을 위해 일하고 가시적인 성과를 내고 싶다면 일과 연애하는 것처럼 뜨거운 열정과 관심을 잃지 마라.

어쩌면 첫눈에 반하자마자 죽고 못 살겠다며 덥석 결혼하는 것보다 담담한 상태에서 하는 결혼이 더 현실적일지도 모르겠다. 일에서도 마찬가지다. 비현실적인 환상이 애당초 존재하지 않기 때문에 지극히 현실적인 태도로 업무를 대하고 주변 환경의 한계를 자연스레 받아들인다. 자신의 잠재력과 때로는 다투기도 하고, 백년해로하겠다는 마음으로 일을 대하다 보면 안정감과 함께 생각지도 못한 행복과 성공을 얻을 수 있다.

자신의 일과 사랑에 빠지라는 이야기는 자신을 위해 일하다 보면 열정이 사그라질 때도 있겠지만 일에 대한 사랑과 새로운 감각을 계속 북돋워야 한다는 뜻으로 이해할 수 있다.

시장에서 생선을 파는 상인은 특유의 활력과 쾌활함으로 손님들을 대한다. 그 모습에 손님들 역시 덩달아 즐거운 시간을 보낸다. 그들은 활기 넘치는 모습으로 고객의 관심을 끈다. 그들의 고객은 누구인가? 그들은 어떻게 손님을 끌고 즐거움을 선사하는가? 상인과 고객 사이에서 즐거움은 어떻게 발생하는가? 그들이 남보다 유독 활기 넘치고 즐거워할 수 있는 비결은 무엇인가?

그러나 우리 주변에서는 할 수만 있다면 일하지 않는 쪽을 선택하겠다는 사람들이 여전히 많다. 사람은 누구나 하고 싶은 일을 할 때가 가장 행복하다고 말하지만, 오늘날 대부분의 사람은 평소와 다름없이 기계적으로 일한다. 그들에게 자신의 마음이 가는 대로 일한다는 것은 영원히 헛된 상상에 그칠 뿐이다.

빠르게 발전하는 도시 생활에서 힘들게 일해 번 돈은 사람들의 물질적 욕구를 충족시켜 줄 순 있지만 내면의 즐거움을 채워주는 데는 한계가 있다.

이러한 상황이 계속 반복되면 업무량이 많아지면서 작은 일을 처리하는 데도 부담을 느끼거나 좀처럼 사라지지 않는 피로감을 호소하기도 한다. 일은 쉬지 않고 돌아가는 풍차처럼 사람들을 관성적으로 움직인다.

그들은 왜 힘들어하는가? 자신이 하는 일을 정확하게 파악하지 못하고 있을 뿐만 아니라 자신을 위해 일한다고 생각하지 않기 때문이다.

자신을 위해 일하고 일을 보듬어야 할 대상으로 여긴다면 훨씬 즐겁게 일할 수 있을 것이다.

몇 년 전, 일단의 사회학자들이 미국 루이지애나 주에 공동체를 세웠다. 수백 에이커에 달하는 농장을 사들인 이들은 자신들의 이상을 이루기 위해 일하기 시작했다. 일단 모든 사람이 하고 싶어 하는 일을 할 수 있도록 근로 제도를 만들었다. 이렇게 하면 걱정보다는 행복하게 살 수 있을 거라고 확신했다.

자신이 가장 좋아하는 일 또는 가장 잘할 수 있는 일을 할 수 있도록 기회를 준다며, 이들은 임금을 주는 대신 노동의 성과를 공유하는 제도를 선택했다. 이들은 자체 목장, 벽돌공장을 운영하고 가축을 길렀다. 학교와 인쇄소도 세웠다. 인쇄소에서는 주민들을 위한 신문을 찍어내기도 했다.

미네소타 주 출신 이민자인 스웨덴 청년이 이곳에 입주하며 자신의 희망에 따라 인쇄소에서 일하게 됐다. 얼마 지나지 않아 그는 일이 마음에 들지 않는다며 농장으로 일터를 바꿔 달라고 요구했다. 결국 그곳에서 스웨덴 청년은 트랙터를 운전하는 일에 투입됐지만 이틀도 채 지나지 않아 우유 농장에서 일하고 싶다고 했다. 이후로도 스웨덴 청년은 세탁실에서 일하게 됐지만 그마저도 하루를 넘기지 못했다.

마을 곳곳을 돌며 청년은 다양한 직업에 도전했지만 마음에 드는 일을 찾는 데 실패했다. 아무래도 공동생활이 자신한테는 맞지 않는 것 같다며 스웨덴 청년은 이곳을 떠나기로 결심했다. 그러던 중 누군가가 청년이 벽돌 공장에서 일한 적은 없다는 사실을 생각해 냈다. 마지막이라는 생각에 청년은 갓 구워낸 벽돌을 손수레 가득 실은 채 건조실에 차곡차곡 쌓기 시작했다. 그로부터 일주일이 지나도록 다른 일터를 알아봐 달라는 청년의 불만을 아무도 듣지 못했다.

누군가가 청년에게 정말 이 일이 좋으냐고 묻자, 청년이 자신에게 딱 맞는 일이라며 고개를 끄덕였다. 벽돌을 차곡차곡 쌓는 걸 좋아하는 사람이 있다니…… 납득하기는 어렵지만 청년에게는 말 그대로 '천직'처럼 느껴졌다. 머리를 쓸 필요도 없고 일을 망칠까 마음 졸일 일도 없었기에 청년은 벽돌을 옮기거나 쌓는 일이 무척 마음에 들었다.

훗날 마을에 벽돌을 쓸 일이 없어지자 스웨덴 청년은 마을을 떠나기로 결심했다. "마음에 드는 일이 없어졌으니 저도 이곳에 있을 이유가 없습니다. 미네소타로 돌아가서 마음에 드는 일을 찾아볼 생각입니다." 좋아하는 일을 할 때는 똑같은 조건을 가진 사람들보다 훨씬 많이, 훨씬 빨리, 훨씬 잘해 낼 수 있다. 좋아하는 일을 찾아 최선을 다해야 하는 이유가 바로 여기에 있다.

좋아하는 일을 위해서 열심히 일하는 것은 과거에도 미래에도 부질없는 것이 아니다. 그리고 과거에도 미래에도 그로 인한 실패는 없다.

03

혼자 독식하지 마라

자신의 경험을 타인과 공유하지 않으려는 것은 많은 직장인이 쉽게 빠지는 함정 중 하나다. 혼자서는 빨리 갈 수 있지만 여러 명이 함께하면 멀리 갈 수 있다. 나눔의 미덕을 알아야 갈등 없이 타인과 어울리고 노력보다 더 큰 성과를 거둘 수 있다.

미국의 한 가전제품 업체가 연 18~20%의 속도로 성장할 수 있었던 것은 기업 이윤을 공유하는 제도를 만든 덕분이었다. 연간 수익을 규정된 비율에 따라 모든 직원에게 고루 나눠주는 방식으로, 쉽게 말해서 회사가 돈을 벌수록 직원들 역시 두둑한 보너스를 받을 수 있었다. 열심히 일할 만큼 월급이 오른다는 사실에 직원들은 위에서 지시하기도 전에 알아서 척척 작업을 진행했다. 언제, 어디서든 발견 즉시 문제를 해결하는 데 소매를 걷어붙이는 일도 점점 늘어났다.

백짓장도 맞들면 낫고, 콩 한 쪽도 나눠 먹어야 하는 법이다. 본업이나 부업에서 정해진 목표를 이루면 당연히 기쁘다. 자신의 노력으로 거둔 성과를 오롯이 누릴 만한 자격이 당신에게는 충분하다. 만일

이러한 성과가 개인이 아닌 집단에 의해 이뤄진 것이라면, 혹은 누군가의 도움을 통해 얻은 것이라면 그 공을 절대 '독식'해서는 안 될 것이다. 안 그러면 당신이 자신의 공로를 가로챘다고 오해할 수 있다.

출판사 산하 잡지사의 총 편집장으로 근무하던 사람이 있었다. 그는 언제나 활기가 넘쳤다. 평소 상사나 부하직원들과도 스스럼없이 어울리는 것은 물론, 퇴근 후에는 작품을 구상하곤 했다. 그러던 어느 날, 그가 담당하는 잡지가 큰 상을 받게 됐다는 소식이 전해졌다. 이 소식에 그는 뛸 듯이 기뻐하며 만나는 사람들한테 그 사실을 자랑스럽게 이야기하곤 했다. 동료들 역시 그에게 축하 인사를 건넸다. 그로부터 몇 달이 지난 후, 그의 얼굴에서 미소가 사라지고 말았다. 자신과 매일 인사를 나누던 동료들은 물론, 상사나 부하직원 모두 자신을 외면했기 때문이다.

얼마의 시간이 다시 흐른 뒤에야 그는 자신이 어떤 실수를 저질렀는지 깨달았다. 잡지사가 상을 받을 수 있었던 데는 편집장의 역할이 가장 컸지만 다른 직원들도 좋은 잡지를 만들기 위해 각자 노력을 기울였다. 그래서 자신들도 수상의 영광을 누릴 수 있다고 여겼던 것이다. 수상의 영광은 모두의 것이라고 생각하던 직원들로서는 같이 고생해 놓고 편집장이 영광을 '독식'하는 상황을 도저히 용납할 수 없었던 것이다. 특히 편집장의 상사는 자신이 '도태'될 수 있다는 생각에 좌불안석이었다.

그러니 누군가가 일 처리 솜씨나 실적을 칭찬할 때는 자만하지 말고 몸을 낮춰야 한다.

나눠라

누군가는 당신이 얻은 이윤의 '금액'보다도 성과를 올렸다는 '성취감'을 부러워하기도 한다. 그럴 때는 상대의 도움에 먼저 감사를 표시해라. 당신이 먼저 상대와 그 성취감을 공유할 때 상대는 존중 받는다는 느낌을 받을 수 있다. 모두의 도움으로 거둔 성과라면 반드시 그 사실을 공개하고 다양한 방식으로 그 영광과 혜택을 당사자들과 나눠야 한다.

감사하라

모든 영광이 자신의 것이라고 여기지 말고 주변의 도움에 감사해라. 특히 당신에게 영광을 차지할 수 있는 기회를 제공한 상사에게 감사를 표시해야 한다. 동료들로부터 별 도움도 받지 못하고 상사 역시 관심을 보이지 않았다고 해도 역시나 고마움을 표시해야 한다. 그래야 적어도 동네북이 되는 신세를 면할 수 있을 것이다. 수상의 영광을 차지한 사람이 무대에서 기쁘다는 인사와 함께 고마움을 전하고 싶다며 주변 사람의 이름을 부르는 이유가 바로 여기에 있다. 인사치레에 불과해 보일 수도 있지만 듣는 사람을 기분 좋게 만들거나 '공공의 적'을 면할 수 있다면 몇 번이고 인사해도 번거롭다는 생각은 들지 않을 것이다.

겸손해라

영광을 얻으면 기쁜 것이야 당연하겠지만 지나침은 모자람만 못한 법이다. 상황 자체는 충분히 이해되지만 그로 인한 부작용은 함부로 무시할 수 없다. 기고만장한 당신의 모습에 사람들은 뿌루퉁한 표정을 짓겠지만 '대세'라며 쉬쉬할 것이다. 하지만 시간이 지날수록 사람들은 의도적이든 그렇지 않든 당신에게 맞서거나 멀리하기 시작한다. 그래서 높은 자리에 오를수록 몸을 낮춰야 한다.

벼가 익을수록 고개를 숙이듯, 주목을 받을수록 겸손하게 행동해야 한다. 이와 함께 쓸데없는 자기 자랑도 그만둬라. 말이 많아지면 내 속만 보여주는 셈이다. 당신이 대단한 사람이라면 이미 주변에서 다 알고 있는데 당신 스스로 떠벌리고 다닐 이유가 뭐란 말인가?

당신의 즐거움과 성과를 나눌 사람이 주변에 한 명도 없다는 것보다 가장 끔찍하고 고통스러운 벌은 없을 것이다. 사람은 누구나 자신에게 속한 중요한 역할을 저마다 수행하고 있다. 게다가 모든 역할은 서로 긴밀하게 연결되어 있다. 혼자만의 힘으로 성과를 냈다고 해도 그 영광을 홀로 누려서는 안 된다. 같이 일했던 동료, 당신을 도와줬던 사람들과 함께 누려야 한다.

그로 인해 당신의 역할이 축소되거나 잊혀질 거라고 걱정할 필요는 없다. 이미 누군가는 당신을 눈여겨보고 있다. 으스대거나 잘난 척한다면 남의 공적을 가로챘다는 의심만 받을 뿐이다.

이와 반대로 과감하게 동료와 공로를 나누면 주변으로부터 호감을 살 수 있다. 게다가 상사 역시 인맥 관리에도 능하다며 당신의 능력을 높이 평가할 것이다.

성공한 사람은 혼자서 영광을 차지하려 하지 않는다. 좀 더 직설적으로 말해서 다른 사람의 생존 공간을 위협하지 않으려 한다. 당신이 높은 자리에 오르는 순간, 다른 누군가는 낮은 자리로 내려가야 하니 위협을 느끼는 것은 지극히 당연한 것이다. 그러니 높은 자리에 오르거든 머리를 숙여 주변의 도움에 감사해라. 그래야 상대도 안심하고 당신에게서 적대감을 거둘 것이다. 혼자서 영광을 차지하는 데 익숙해지면 언젠가 쓴 열매를 혼자서 삼켜야 한다는 사실을 명심하기 바란다.

···04···

디테일로 승부해라

큰일을 하려면 작은 것에 얽매여선 안 된다!' 일부 직장인이 쉽게 빠질 수 있는 함정이다. 그러나 대개의 경우 디테일이 성패를 결정한다. 디테일에 강해야 더 빠르게, 더 멀리 달릴 수 있다.

세상의 수많은 직장인에게 매일 필요한 능력은 천지를 개벽할 만한 엄청난 아이디어가 아니라 작은 것에도 소홀하지 않는 디테일과 끈기다. 조건이 똑같다면 고용주는 디테일에 강한 쪽을 선택할 것이다. 업무에서도 한 치의 실수도 용납하지 않고 더 잘 하기 위해 노력할 가능성이 높기 때문이다. 새내기 직장인이라면 더더욱 작은 것 하나에도 소홀하면 안 된다. 이제 막 학교를 졸업한 터라 단기간에 그들의 능력을 판단하기 어렵기 때문에 작은 디테일이 운명을 가를 수도 있다.

사범대학교를 졸업한 다섯 명의 학생이 교사를 구한다는 소식에

같은 학교에 지원했다. 이력서, 면접시험, 필기시험을 거쳐 마지막 단계인 '강의'만 남은 상태였다. 최종 1명만 선발할 것이라는 소식에 시강에 임하는 학생들의 표정에서 결연함마저 느껴졌다.

마지막 응시생인 여학생이 벌렁거리는 가슴을 애써 진정시키며 가볍게 미소를 지은 채 교단에 올랐다. 학생들과 반갑게 인사하며 수업을 시작했다. 오늘 배워야 할 본문을 함께 공부하고 질문과 답변 시간을 가졌다. 전체적인 내용을 다시 한 번 정리한 뒤에 복습도 잊지 않았다. 주입식 교육이라는 이미지를 주지 않으려고 여학생 역시 이전의 응시생들처럼 잘 모르는 부분이 있으면 질문하라고 유도했지만 반응이 없었다.

강의를 마친 여학생은 시험에서 떨어졌다고 판단하고는 잔뜩 기가 죽은 채 집으로 돌아갔다. 이튿날 아침, 학교로부터 정식으로 출근하라는 전화를 받은 여학생은 자신의 귀를 의심했다. 잘못 전화한 것 아니냐는 여학생의 질문에 교장은 합격을 축하한다는 이야기를 들려줬다. 합격했다는 사실에 기쁜 나머지 여학생은 왜 자신을 뽑았냐고 물었다.

"솔직히 말해서 강의 수준만 놓고 본다면 다른 응시생보다 퍼포먼스가 좋은 편은 아니었어요. 하지만 수업 도중 질문하면서 학생들의 이름을 부르더군요. 다른 응시생들은 번호를 부르거나 손가락으로 지목했는데……. 다른 사람이 나를 번호로 부르거나 손가락으로 지목할 때 기분이 어떨지 생각해봤죠. 아무래도 기분이 좋을 것 같지는 않았어요. 아이들을 이해하지도, 존중하지도 못하는 사람을 교사로 고용할 수는 없겠다는 데 심사위원들 모두 동의했습니다."

또 다른 구직자의 상황 역시 위의 경우와 크게 다르지 않았다. 친환경 제품을 생산하는 기업에서 내건 구인 공고에 많은 취업준비생이 몰려들었다. 면접시험이 끝난 후 모두들 우르르 몰려 나갔지만 한 구직자만 탁자 밑에 버려진 폐지나 빈 병, 빈 생수통을 한데 모은 뒤 분리수거했다. 전등까지 *끄는* 구직자의 모습에 심사위원들은 좋은 인상을 받았다. 단순히 취업을 위해서가 아니라 일상적인 생활습관까지 자연을 생각하는 모습에 심사위원들은 만장일치로 합격 도장을 찍었다.

"생활 속 디테일이 세분화되어 긴밀한 관계를 이룰 때 하나의 덩어리를 형성한다. 과학적 용어를 빌리자면 카오스가 생겨나는 것이다. 디테일을 무시하는 사람은 겉으로만 요란한 빈 수레와 다름없다." 한 작가의 충고처럼 디테일을 놓치지 않아야 그저 그런 사람으로 분류되는 신세를 면할 수 있다.

기업의 경영주나 관리자는 출장 계획이 잡히면 부하 직원에게 표를 예매하라고 지시한다. 무척 간단한 일처럼 보이지만 업무에 대한 태도나 업무 능력을 가늠하기에 충분하다. 심지어 앞으로의 가능성마저 엿볼 수 있다.

차표를 예매하라는 지시에 두 비서는 전혀 다른 결과물을 가져왔다. 일단 지시대로 차표를 사오긴 했지만 달랑 차표만 건네는 비서와, 커다란 봉투 안에 차표를 넣고 봉투 겉면에 차량 번호, 출발/도착 시간까지 적어온 비서. 당신이라면 누구를 택할 것인가?

지시만 곧이곧대로 수행하는 것이 평범한 사람의 행동이라면 일할 줄 아는 사람은 왜 이렇게 해야 하는지, 어떻게 행동해야 하는지 생각한다. 상대가 어떻게 하면 한층 만족할 것인지 고민하는 데서부터 디테일이 시작된다.

일할 때도 매한가지다. 디테일을 챙기는 업무 태도를 자연스레 몸에 익히면 뜻밖의 결과를 얻을 수 있다.

꼼꼼한 업무 태도는 업무에 대한 당사자의 관심에 따라 결정된다. 제아무리 사소한 일에도 마음을 놓지 않고 집중할 때 관심이 생겨나기 때문이다. 큰 그릇이 되려면 작은 일 하나에도 남들과는 다른 솜씨를 보여줘야 한다. 그 밖에 디테일하게 일하려면 친근감이라는 또 다른 '덕목'을 갖춰야 한다. '나라면 이렇게 했을 텐데'라며 다른 사람을 위하는 마음, 다른 사람을 배려하는 마음 말이다.

디테일은 예술은 물론 실제 삶의 진실을 고스란히 반영하고 있다.

삶이 뿌리처럼 끝도 없이 길어지는 연결사슬이라면 디테일은 그 사슬을 단단히 고정시키는 연결고리라고 하겠다. 또한 역사가 밤새 흐르는 강물이라면 디테일은 강의 지류로, 지류 없이 커다란 물줄기를 이룰 수 없는 것과 같은 논리다.

디테일이 성패를 결정한다. 디테일을 통해 개인의 성격, 소양, 업무 능력을 파악할 수 있기 때문이다. 직원들 스스로 한 치의 실수도 용납하지 않고 디테일을 강조한다면 섬세함을 필요로 하는 업무를 안심하고 맡겨도 좋다. 이따금 상대의 생각이나 의견을 듣고 채택하는 것도 좋다. 그런 직원이 많아질수록 성공의 길은 가까워질 것이다.

핑계 대신 해결 방법을 찾아라

일이 꼬였을 때 많은 사람이 책임을 모면하기 위해 핑계를 찾는 데 급급하다. 이미 쏟아진 물은 주워 담을 수 없는 법! 그러니 문제를 해결할 수 있는 방법을 찾는 데 집중해라. 핑계에 빠져 허우적거릴수록 일은 더욱 꼬일 뿐이다.

핑계 덕분에 잠시나마 책임과 고통을 모면하며 심리적 위로를 받지만 그로 인해 커다란 대가를 치르게 된다. 잘못된 습관으로 입게 되는 피해나 고통은 말로 표현할 수 없을 만큼 위험하다.

수납기 회사에서 영업팀 팀장으로 일하는 휴스는 인생 최고의 위기에 처했다. 회사가 재정난에 빠진 것도 부족해서 이 사실을 알게 된 직원들의 사기가 눈에 띄게 가라앉으면서 판매율이 떨어지기 시작한 것이다. 엎친 데 덮친 격으로 휴스는 미국 각지에서 활동 중인 영업사원이 모두 참석하는 회의를 개최하라는 지시를 받았다.

먼저 영업 실적이 좋은 판매직원들을 회의실 강단에 세운 휴스가 판매율이 떨어진 이유를 설명해 달라고 했다. 차례로 호명된 직원들은 회의실에 있던 다른 직원들에게 변명만 늘어놓았다.

다섯 번째 영업사원이 자신이 할당액을 채우지 못한 이유를 설명하고 있었다. 그 순간, 휴스가 강단 위에 올라가더니 두 손을 들고 선 모두에게 정숙하라고 말했다.

"모두 그만! 지금부터 딱 10분 동안 회의를 멈추겠습니다. 신발 좀 닦아야겠네요."

휴스는 난데없이 옆에 있던 흑인 소년에게 구두약과 솔이 든 상자를 가져와 자신의 신발을 닦으라고 했다. 황당한 주문에 흑인 소년은 물론 현장에 있던 사람들 모두 얼떨떨한 표정을 지었다. 미친 것 아니냐는 수군거림마저 들리는 순간, 흑인 소년이 차례로 휴스의 신발을 닦기 시작했다.

소년이 신발을 다 닦았다고 하자, 휴스는 수고비를 건네며 입을 열었다.

"지금 이 자리에 있는 여러분 모두 이 소년을 배웠으면 좋겠습니다. 이 아이는 공장 전체와 사무실에서 직원들의 신발을 닦을 기회를 쥐고 있죠. 예전에는 좀 더 나이 많은 소년이 있었습니다. 회사에서 매주 5달러씩 주급을 지원해줬죠. 게다가 수천 명의 직원들 모두 그 소년에게 구두를 닦아야했습니다. 하지만 그 소년은 회사에서 번 돈으로 생계를 유지하지 못했습니다. 하지만 지금 이 소년은 회사에서 보조금을 지원해 주지 않아도 될 만큼 넉넉한 소득을 올리고 있습니다. 매주 남은 돈을 저축하기도 하고요. 두 소년 모두 같은 업무 환경에서 일했습니다. 똑같은 공장에서 똑같은 직원들의 신발을 닦아줬죠. 자, 여기서 질문 하나 드리겠습니다. 그전의 소년이 돈을 많이 벌지 못한 건 누구의 잘못 때문일까요? 소년일까요, 아니면 고객일까요?"

소년의 잘못이라는 참석자들의 대답에 휴스가 크게 고개를 끄덕였다.

"맞습니다. 자, 이제 대상을 바꿔볼까요? 지금 여러분의 상황은 일 년 전과 똑같습니다. 똑같은 지역에서 똑같은 고객에게 똑같은 제품을 팔죠. 하지만 올해 실적은 작년과 비교도 되지 않을 만큼 참담합니다. 이건 누구의 잘못일까요?"

"저희 잘못입니다!"

"자신의 실수를 솔직히 인정해 줘서 고맙습니다. 여러분의 잘못은 회사가 자금난에 빠졌다는 소문에 사기가 떨어져 본업에 충실하지 못한 데 있습니다. 지금 이 자리에서 여러분에게 약속합니다. 여러분이 각자 원래의 자리로 돌아가서 30일 동안 1일당 5대만 팔아주시면 다시는 여러분이 불안에 떨게 되는 일이 생기지 않도록 하겠습니다! 도와주십시오, 여러분!"

뜨거운 함성과 박수갈채에 직원들은 서로를 격려했다. 그 후 방금 전 강단에 올라 쏟아내던 온갖 핑계가 기억도 나지 않을 만큼 직원들은 놀라운 실적을 올리는 데 성공했다.

핑계를 찾을수록 일은 점점 꼬여갈 뿐이다. 어느 누구도 문제가 불거진 경위에 관심을 갖지 않는다. 일이 생겼으면 방법을 찾아 문제를 해결하는 게 급선무다.

하지만 대부분의 사람은 문제가 생겼을 때 핑계를 찾는 데 익숙하다. 자신의 불우한 어린 시절이나 무서웠던 선생님, 조직의 허술한 관리제도 등등 핑계의 종류와 내용도 가지각색이다. 그 사정이 어떻든 결론적으로 책임을 회피하는 데 급급할 뿐이다.

일단 핑계를 찾는 습관이 생기면 문제를 해결할 수 있는 방법을 찾으려 하지도 않고 자신을 바꾸려는 노력도 하지 않는 끔찍한 부작용을 가져온다.

부하 직원들의 '핑계'로 골치를 앓던 사장이 도저히 안 되겠다며 사무실 문에 '핑계 없는 사무실'이라는 구호를 붙이더니, 각 부서에 다음 달부터 '핑계 없는 달'을 실시하겠다고 선포했다. 그 한 달 동안 어느 누구도 핑계를 대지 말라는 당부의 말도 잊지 않았다.

사장이 예고한 대로 다음 달이 시작되면서 직원들은 핑계 대신 방법을 해결하는 데 심혈을 기울였다. 그러던 어느 날, 고객으로부터 주문한 배송이 늦어서 손해를 봤다는 항의전화가 들어왔다.

물류 담당자는 즉시 사과했다. "죄송합니다, 저희 잘못입니다. 물건을 제때 보냈어야 했는데……. 다시는 이런 일이 없도록 다음부터 주의하겠습니다." 이어서 물류 담당자는 고객을 달래며 이번에 입은 손실을 자신이 보상하겠다고 약속했다. 그렇게 전화를 끊은 뒤

물류 담당자는 자신이 고객에게 핑계를 댔다는 사실을 깨달았다. 이번 한 달 동안 어떠한 핑계도 대지 말라는 회사 방침을 떠올린 그는 다시 고객에게 전화해 방금 전 자신의 핑계를 사과한 뒤 문제를 해결할 방법을 들려줬다.

훗날 사건 속 고객은 물류 담당자의 뛰어난 서비스를 높이 평가하는 편지를 사장에게 보냈다. '당신네 회사 직원들이 뻔한 핑계를 결코 대지 않는다는 사실에 신선한 충격을 받았습니다. 비슷한 문제가 발생했을 때 다른 회사에서는 보통 온갖 핑계와 이유를 대는 데 말이죠…….'

핑계는 일을 오히려 어렵게 만들 뿐이다. 핑계를 찾지 말고 방법을 찾는 데 매달린다면 만족스러운 결과를 얻을 수 있을 것이다.

● OPEN YOUR EYES ●

핑계는 이유가 없는 것과 같다. 핑계를 찾는 습관을 버리고 업무에서 문제를 해결할 수 있는 요령을 배우는 데 매달려라. 성공의 키는 내 손에 쥐어져 있다. 핑계와 멀어질수록 성공에 다가설 수 있다.

급할수록 돌아가라

마음을 다스릴 줄 아는 지혜는 현대 사회에서 지켜야 할 생존 법칙 중 하나다. 정신없이 돌아가는 세상에는 온갖 사건사고, 각양각생의 사람들이 포진해 있다. 불만, 조급함, 의기소침한 마음을 달래고 작은 것에서 양보하고 참을 줄 알아야 성공할 수 있다.

한 청년이 뛰어난 성적으로 1년 조기 졸업할 수 있는 기회를 잡았다. 커다란 포부를 품고 회사에 들어갔으나 청년은 그곳에서 날마다 작은 방에 들어가 그룹과 관련된 슬라이드 영상을 방영하는 일을 담당했다.

입사한 지 1년 동안 그는 다른 사람에게 자신의 꿈과 원대한 포부를 이야기할 기회를 한 번도 얻지 못했다. 내일의 희망이 보이지 않는다며 청년은 스물한 살이라는 어린 나이에 인생의 고독에 몸부림쳐야 했다.

명문대에서 전도유망한 학생회 임원으로서, 그는 남들보다 1년 먼저 학교를 졸업할 만큼 모범생으로 불렸다. 모두 부러워할 만한

'스펙'을 가졌는데 회사에서 슬라이드 영상이나 내보내는 일을 하다니……. 이런 경우라면 일찌감치 회사를 그만뒀을 사람도 많을 것이다. 하지만 그는 그러지 않았다.

"아무리 대단한 포부를 지녔다고 해도 회사가 내게 적응할 것을 기다릴 것이 아니라 내가 회사에 적응해야 해. 그게 현재로서는 내가 할 수 있는 최선이야."

그로부터 1년이 지난 뒤, 드디어 기다리던 기회가 찾아왔다. 그룹 산하의 한 업체에서 일부 우수 직원을 선발해서 현장 일선에서 일할 수 있는 프로젝트를 실시하기로 한 것이다. 이 과정에서 그는 이 프로젝트의 팀장으로 깜짝 발탁됐다. 훗날 그는 그때 기억을 더듬으며 골방에 갇혀 슬라이드 영상을 1년 더 틀어야 했다면 자신도 버티지 못했을 거라고 고백했다. 그는 포기하지 않고 치미는 화를 꾹 누른 덕분에 지금의 자리에 오를 수 있었다. 초보 직장인에게 '버티는 힘'이 얼마나 중요한지 쉽게 이해할 수 있을 것이다. 1초 버티면 희망이 1초 더 늘어난다. 빛은 어둠을 뚫고 나오는 법이다.

순탄하지 않은 인생 속 수많은 질곡과 부침 속에서 냉정한 태도로 현실을 마주하고 일희일비하지 않아야 한다. 들썩거리는 마음을 꾹 내리눌러라. 목표를 이루지 못했을 때도 울컥 치솟는 분노를 가라앉히고 기회를 기다려야 한다. 좌절했거나 손해를 입었을 때도 '마음의 평화'를 지키며 있는 힘껏 참아야 한다. 화를 참을수록 큰 그릇이 될 수 있다는 것을 명심하자.

중국 전국(戰國)시대, 위(魏)나라의 위문후(魏文侯)는 중산국을 공격할 계획을 세우던 도중에 악양(樂羊)이라는 장수를 추천받았다. 문무를 겸비한 인재로, 중산국을 치는 데 악양만큼 적임자가 없었다. 하지만 그의 아들인 악서(樂舒)가 중산국의 대관이니 악양이 차마 중산국을 치지 못할 것이라는 이야기가 주변에서 끊이지 않았다.

그러던 중, 위문후는 중산국 군대의 명으로 아들이 보낸 서신을 악양이 거절했다는 이야기를 들었다. 게다가 잔인무도한 중산국의 군대를 따르지 말라고 아들을 설득했다는 이야기에 그를 중용하기로 결정했다.

위문후의 명으로 악양은 병사들을 이끌고 중산국의 도성으로 달려갔다. 성 주변에 진영을 세운 뒤 병력을 주둔시키고, 공격 대신 포위 작전을 펼쳤다.

그로부터 몇 개월이 흐른 뒤에도, 악양이 좀처럼 도성을 함락하지 못하자 위나라 대신들 사이에서 또 불만의 목소리가 쏟아져 나왔다. 하지만 위문제는 그들의 이야기를 흘려 듣고는, 악양에게 사람을 보내 안심해도 좋다는 뜻을 전했다.

악양이 여전히 꼼짝도 하지 않자 그의 수하인 서문표(西門豹)가 병력을 움직이지 않는 까닭을 물었다. "내가 공격하지 않고 도성 주변을 포위만 한 것은 적군에게 투항할 시간을 주려 함이다. 중산국의 백성들에게 누가 맞고 누가 틀렸다는 것을 보여주는 데 이만한 것이 없지. 그래야 천하의 민심이 절로 위나라를 향할 것이다. 아들

악서를 살리려고 안으로 숨는 것이 아니다."

그로부터 다시 한 달이 흐른 뒤 악양은 선공에 나서 중산국의 도성을 함락하는 데 성공했다. 악양은 그곳에 서문표를 남겨둔 뒤 자신은 병사를 이끌고 위나라로 돌아갔다.

위문후는 버선발로 달려나 악양을 맞이한 것도 모자라 커다란 연회를 베풀어줬다. 연회가 끝나고 집으로 돌아가려는 악양에게 위문후가 집으로 돌아간 뒤 보라며 상자를 건넸다.

집으로 돌아간 위문후가 상자를 열자, 자신이 중산국을 공격하는 동안 조정 대신들이 악양을 비난하면서 올린 상소문이 가득했다.

위문후가 다른 사람의 말만 믿고 화를 참지 못해 악양에게 행동을 취했다면 그 결과는 불 보듯 뻔했을 것이다. 즉 자신이 부탁한 일을 제대로 해내지도 못하고, 양측 관계 역시 더 이상 이어질 수 없었을 것이다.

급할수록 돌아가라. 급한 마음에 마음을 가라앉히지 못하면 냉정하게 문제를 분석할 수 없다.

굼떠 보이지만 사람들과 옥신각신 싸우지 않고 이리저리 머리 굴리지 않는 사람이 오히려 사람들로부터 존경 받기 쉽다. 그래서 오만하게 상대를 깔보는 것보다 조금은 둔해 보이지만 마음을 차분히 가라앉힌 채 주변을 살피는 쪽이 사람들에게 더욱 설득력을 지닌다. 제대로 된 사람이 되는 법, 제대로 일하는 법 또한 이와 다르지 않다. 눈에 보이는 형상에 집착할 것이 아니라, 마음을 차분히 가라앉히고 자신의 내면에 귀를 기울여야 할 것이다.

● OPEN YOUR EYES ●

모든 것은 마음먹기에 달렸다는 말처럼, 평상심은 업무를 대하는 가장 기본적인 태도에 속한다. 나아가 세상을 살아가기 위한 현명한 방법으로서, 개인의 소양과 품성을 대변한다.

07

도망친다고 해결되지 않는다

일이 마음대로 되지 않는다며 걸핏하면 이직하는 사람이 우리 주변에는 생각
보다 적지 않다. 도망친다고 해서 문제가 해결되지는 않는다. 오히려 잦은 이
직은 당신의 발목을 붙잡을 수 있다.

심리학의 연구에 따르면 사람들은 뭔가를 추구하는 도중에 종종 자
신이 목표를 달성할 수 있을지 뒤돌아보거나, 심지어 목표 자체를
의심한다고 한다. 이러한 행동은 지극히 민감하고 취약한 심리 상태
를 고스란히 반영한 것으로, 중도에 포기할 가능성이 눈에 띄게 높
아지는 효과로 이어진다.

중도에 포기하는 데는 크게 두 가지 원인이 작용한다. 첫째, 설정
한 목표가 합리적이지 않다. 현실에 맞지 않는 목표를 세울수록 쉽
게 포기한다. 둘째, 사람들이 목표를 추구할 때는 의지가 크게 흔들
린다. 그래서 의지가 약한 사람일수록 쉽게 포기한다.

직장에서의 상황 역시 이와 비슷하다. 내심 기대했던 보상을 받

지 못했다든가 동료, 상사와 갈등을 빚는다든가, 혹은 유쾌하지 못한 일이 일어나는 등의 돌발 상황으로 대부분의 사람은 어떤 대가를 치러야 하는지 따져 보지도 않고 당장 회사에서 나가려고 한다. 하지만 충동적으로 회사를 그만둬 봤자 마음에 드는 직장을 당장 구할 수 있는 것도 아니다.

그래서 부평초처럼 한 곳에 정착하지 못하고 이리저리 떠돌아다니는 사람일수록 끝까지 버티지 못하고 중간에 쉽게 포기한다. 마음에 들지 않는다거나 일이 어렵다는 이유로 걸핏하면 직장을 옮기는 사람들은 새로운 일을 찾아도 얼마 버티지 못하고 다른 곳으로 '튈' 준비를 한다. 그로 말미암아 업무 목표가 끊임없이 바뀌면서 결국 마음의 안정을 잃곤 원하는 직장을 찾는 데도 실패한다. 한 군데 정착하지 못하고 여러 직장을 '전전'하는 상황을 단적으로 말하자면, 산 반대편에 뭔가 있을 줄 알고 힘겹게 갔더니 정작 그곳에는 또 다른 산이 우뚝 서 있는 것과 같은 이치다.

잦은 이직은 어디에서도 환영받지 못한다. 오랫동안 인사 업무에 종사한 한 실무자는 직원을 채용할 때 1년 동안 이직한 횟수부터 살펴본다고 설명했다. "구직자가 뛰어난 실력이나 경력이 있다고 해도 지나치게 자주 이직했다면 조심스럽게 살펴볼 수밖에 없습니다. 마치 흰 도화지에서 '오점'을 찾는 것처럼 당사자에게 무슨 문제가 있는 건 아닌지 주의 깊게 살펴보게 되죠."

이러한 의미에서 잦은 이직은 당신을 직원으로 고용하려는 새로운 직장에 부담으로 작용할 수밖에 없다. 그러니 어떤 회사로 이직해야 편하게 지낼 수 있는지 고민하는 것보다 눈앞의 문제를 어떻게 이해하고 해결할 것인가, 어떻게 시련을 견딜 것인가를 고민하는 게 현실적이다.

같은 직장에서 근무 중인 두 친구가 있었다. 이들은 일하다가 문제가 생기면 종종 서로를 도울 정도로 막역한 사이였다. 두 사람은 직장으로부터 받는 대우가 똑같았기 때문에 별다른 불만도 없었다. 그 덕분에 대우를 이야기할 때도 서로에게 자신의 사정이나 생각을 솔직히 털어놓기도 했다.

2년 정도 지났을 무렵, A가 B에게 불만을 슬며시 드러냈다.

"여기서 일한 지 2년이나 지났는데 왜 승진시켜주지 않는 거지? 좋은 자리는 이번에 외부에서 새로 고용한 직원에게만 내주고 말이야……."

"밖에서 데려온 사람이 더 대단하다고 생각해서 그런 거겠지."

두 사람은 평소처럼 이야기한 뒤 일자리로 돌아갔다. A는 승진할 기회가 없으니 그냥 회사에 나오면 적당히 시간이나 때워야겠다고 생각했다. 이와 달리 B는 이곳에서 자신의 재능을 허비할 수 없다며 이력서를 사방에 뿌리며 이직을 준비했다. 그의 업무 실력과 경력을 확인한 여러 업체가 러브콜을 보냈다. B는 A를 찾아가 자신이 면접을 보느라 자리를 비울 때 업무를 대신 처리해 달라고 부탁했다.

A는 B가 틈틈이 시간을 내서 면접을 보러 다닌다는 사실을 알게 됐다. 마음에 드는 직장을 찾으면 당장 이직하겠다는 B를 A가 나지막한 목소리로 달랬다.

"지금 회사를 그만둔다고 해도 회사에선 자네를 잡지 않을 거야. 왜냐면 자넨 어디서도 쉽게 볼 수 있는 평범한 직원이니까. 아마 다른 곳으로 이직해도 상황은 크게 달라지지 않을 거야. 어쨌든 상대 회사에서는 자네가 이곳에서 거둔 실적을 가지고 연봉을 정하려 들겠지. 그러니 좀 더 참아보는 건 어때? 임금이나 대우가 엄청 좋은 건 아니지만 이 정도면 나쁘지도 않으니까!"

친구의 충고에 B는 이직에 필요한 '자금'을 조금이라도 더 많이 갖기 위해 지금 몸담고 있는 회사에서 열심히 일해보기로 했다. 그로부터 반년이 지난 후 그는 많은 실력을 쌓는 데 성공했지만 A는 회사에 대해 절망적인 생각을 품게 됐다. 업무 목표를 잃은 채 그저 상부에서 정해주는 일만 하는 데 급급할 뿐이었다.

그러던 중 두 사람의 계약 기간이 만료됐다. 상사에게 회사를 그만두겠다고 말하려던 B는 계속 같이 일하고 싶다는 이야기와 함께 승진을 제의받았다. 이에 반해 A는 더 이상 계약하고 싶지 않다는 이야기를 들었다.

지금 하고 있는 일에서 도전을 기대할 수 없다, 자신의 생활을 바꾸고 업무 환경에 변화를 주고 싶다, 현실에 안주하지 않고 과감하게 자신의 가치를 최대한 구현할 수 있는 공간에서 일하고 싶다……. 많은 사람이 말하는 이직의 사유다. 하지만 때로는 의지 부족으로 하던 일에 어려움이 생겨 중간에 포기하는 사례도 적지 않다. 이직은 분명 기회에 속하지만 걸핏하면 일이나 회사를 바꾸는 것은 전문적인 경험과 기술을 축적하는 데 불리하게 작용한다.

하루하루 대충 시간을 때우는 것이 아니라, 자신의 자리에서 자신의 가치를 충분히 발휘해라. 그러고도 더 이상 발전의 여지가 없다면 이직은 중도 포기가 아니라 현명한 선택이 될 것이다.

어떤 상황에서도 지금의 일에 최선을 다해야 이력서에 채워질 내용이 달라진다. 일해야 하는 운명에서 벗어날 수 없다면 자신의 모든 것을 쏟아붓는 게 본인에게 도움이 될 것이다.

● OPEN YOUR EYES ●

진지한 자세로 자신의 일을 마주하고 뚝심 있게 버텨라. 충격에도 버틸 줄 알고 사람을 품는 법을 배워라. 자기계발을 통해 풍부한 업무 경험과 실력을 갖춘 뒤에 이직해도 늦지 않다.

08

현실적인 직장 포지션 전략

살아가면서 '내가 아니면 누가 하겠어?'라고 할 만한 직업을 선택할 수 있을까? 만약 그럴 수 있다면 당신은 진정한 삶의 가치를 실현한 것은 물론, 성공의 기회를 잡은 셈이다.

오토 발라흐(Otto Wallach)는 세계적인 화학자로 노벨 화학상 수상자 중 한 명이다. 그를 가리켜 성공 신화의 주인공이라고 할 만큼 남다른 사연의 주인공이기도 하다.

중학교 시절, 부모의 뜻을 따라 문학을 선택한 발라흐는 1학기를 보낸 뒤 담당 교사로부터 열심히 노력하지만 작은 것에 사로잡히는 성격 탓에 문학에 소질이 없다는 평가를 들어야 했다. 당시 그의 부모는 아들이 좋아하는 유화를 배우도록 했다. 하지만 발라흐는 구도도 잘 잡지 못하고 색채 감각도 또래보다 떨어지는 편이었다. 예술에 대한 이해도 낮은데다 성적마저 꼴찌였다. 회화나 예술에 대한 재능이 없다는 학교 측의 평가에 대부분의 교사가 발라흐를 무능한 학생으로 평가했다. 하지만 화학 교사는 한 치의 실수도 용납하지 않는 성품이라면 모든 것이 정확해야 하는 화학 실험에 소질이 있을 것 같다고 생각했다. 그래서 그는 발라흐의 부모에게 화학을 가르쳐 보라고 권했다. 문학, 예술에서 타고난 재능이 없다고 혹평 받던 발라흐는 교사의 가르침을 통해 화학 분야에서 '전도유망한 모범생'으로 평가받으며 빠르게 실력을 쌓을 수 있었다.

발라흐의 성공은 인간의 지능이 고르게 발전하지 않는다는 사실을 보여준다. 모든 사람은 저마다 다양한 장단점을 갖고 있다. 자신의 재능을 최대한 발휘할 수 있는 자리를 찾으면 자신도 잘 알지 못했던 잠재력이 각성되어 괄목할 만한 성과를 거둘 수 있다. 이러한 현상을 가리켜 '발라흐 현상'이라고 부른다.

직장에서 많은 사람이 엉뚱한 자리에서 죽기 살기로 일하는 것보다 안타까운 일도 없다. 일단 맡은 일을 제대로 해내기 위해 흥미나 만족감을 모두 포기하는 그 마음가짐은 존경스럽다고 할 만하지만 자신에게 어울리지 않는 꿈을 무조건 좇는다고 해서 만족스러운 결과가 반드시 기다리고 있는 것은 아니다. 아마도 그 열정과 에너지를 자신에게 맞는 위치에서 마음껏 발휘했다면 적은 노력으로 많은 성과와 즐거움을 누렸을 것이다.

성공한 직장인이 되려면 먼저 자신의 포지션을 정확히 찾아야 한다.

올바른 직업 포지션은 다음과 같은 장점을 지녔다.

첫째, 꾸준히 자신을 발전시킬 수 있다

많은 사람이 자신의 능력이 부족해서 일이 안 풀린다고 말하지만 그것은 틀린 생각이다. 자신에게 맞지 않은 일을 선택해 '나는 누구인가?', '내겐 무엇이 어울리는가?'에 대해 진지하게 고민하지 않았기 때문이다. 자신이 무엇을 원하는지 알지 못하니 일이 술술 풀린다는 느낌을 받을 리 만무하다. 자신에게 맞지 않는 일을 하느라 소중한 시간을 허비하다 보면, 치열한 경쟁 사회에서 점점 능력이 처진다는 패배감을 느끼기 쉽다. 그런 점에서 정확한 포지션을 찾아야 보다 장기적인 발전을 꾀할 수 있다.

둘째, 자신의 자원을 효과적으로 사용할 수 있다

'멀티플레이'보다 '솔로플레이'에 능해야 한다. 오랫동안 다양한 영역에서 활동하며 많은 지식을 익히다 보면 모르는 게 없는 것 같지만 의외로 속 빈 강정인 경우가 많다. '모두들 MBA 자격증을 딴다던데 너도 배워 봐', '유학해 보는 건 어때? 요샌 다 기본이라고 하더라', '대학원에서 학위를 따, 나이 먹으면 머리도 안 돌아가'. 이런 말을 주변에서 흔히 들을 수 있다. 하지만 MBA, 유학, 대학원 모두 꾸준한 발전을 보장하는 것은 아니다. 집중력과 자원을 효과적으로 사용해야 좋은 성과를 기대할 수 있다.

셋째, 외부의 저항에 맞서 신념을 지킬 수 있다

직업을 선택할 때 연봉이나 트렌드에 집착한 나머지 자신에게 맞는 일자리를 포기하는 사람들도 적지 않다. 통장에 찍힌 연봉이나 모두가 부러워하는 직장을 통해 성취감과 자부심을 느낄 수 있다는 것을 부정할 수는 없다. 하지만 그 즐거움은 시간이 지날수록 빛이 바랜다. 최악의 경우 연봉이 깎이거나 발전 가능성이 없는 직종으로 전락할 수도 있다. 겉으로 드러나는 성과보다는 자신의 발전과 능력, 흥미에 맞는 일을 선택해야 외부의 유혹에도 흔들리지 않을 수 있다.

넷째, 자신의 가치를 알릴 수 있다

많은 사람이 이력서를 쓰거나 면접을 볼 때 자신을 제대로 소개하지 못해 상대에게 잘못된 정보를 줄 수 있다. 심지어 어떤 사람은 자신의 선택을 확신하지 못해 상대가 고용을 망설이게 되는 상황을 초래할 수도 있다. 잦은 이직으로 누군가에게 소개해 주고 싶은 마음이 사라지게 만드는 사람도 있다. 포지션이 확실해야 상대에게 당신의 진정한 모습을 보여줄 수 있다.

여기까지 올바른 직업 포지션을 통해 누릴 수 있는 혜택을 알아봤다. 이제는 자신에게 맞는 직업 포지션을 어떻게 확보할 수 있는지 살펴보도록 하겠다.

자신을 알라

자신의 장점과 일 처리 방식을 알게 되면 자신을 좀 더 잘 이해할 수 있다. 여기서 말하는 '이해'란 자신의 가치관, 개성과 특징, 타고난 재능, 단점, 성격, 기질, 관심 등을 가리킨다. 뭘 하고 싶은지, 또 뭘 할 수 있는가에 대한 생각도 포함된다. 자신의 능력을 가늠하고 장단점을 파악한 뒤 경험, 경력, 목표 등을 바탕으로 앞으로의 업무 방향을 선택한다면 '내가 뭘 할 수 있을까?'와 같은 고민을 하는 일은 더 이상 없을 것이다.

직업을 알라

직업 포지션을 잡을 때는 자신을 아는 것만으로는 부족하다. 업무 내용, 성격, 요구 조건, 전문 기술 또는 지식, 성향, 업무 환경, 업무 역할 등이 포함된 직업 그 자체를 이해해야 한다. 이 과정에서 자신과 직업 사이에 존재하는 격차를 자세히 비교 분석하고 자신의 특징에 따라 다양한 목표를 선택했을 때의 장단점을 가늠해야 한다. 자신의 현실적 조건을 잣대로 최종적으로 이루고자 하는 목표를 정하는 것이다.

구체적인 계획

직장 내 포지션을 찾기 위한 최종 단계로, 자신에게 맞는 이상적인 직업을 찾기 전에 하는 일이 무엇인지 정확히 파악하고 자신의 개성과 흥미에 맞는지 따져 봐야 한다. 자신이 뭘 하고 싶은지, 또 무엇을 할 수 있는지 진지하게 고민하고, 어떤 분야의 전공에 종사할 것인지 구체적인 계획을 세워야 한다. 그래야 일단 취업부터 하고 보자며 맹목적으로 진로를 선택하는 어리석은 실수와 그로 인해 놓치게 될 기회를 사전에 방지할 수 있다.

사람마다 직업에 대한 계획이나 인식은 모두 다르다. 굳이 누구와 비교하지 않고 자신의 인생 단계만 놓고 보더라도 직업 계획에는 큰 차이가 존재한다.

2030 세대라면 사회에 첫 진출하는 '디딤돌'로서 안정적인 직업을 선택하는 편이 좋다. 이제 막 직장 생활을 시작한 초보자로서 사회에 뗀 첫 발이 그의 미래를 결정하는 데 크게 작용하기 때문이다. 이 단계에 속한다면 직업 선택에 신중을 기해야 한다. 자신을 객관적으로 분석하고 주변 환경을 돌아보며 자신에게 맞는 직업을 선택하고 삶의 목표를 정해라.

그 다음 임무는 이미지 관리다. 직장 생활에서 드러나는 퍼포먼스는 향후 직장생활이나 개인 성장에 커다란 영향을 준다. 일부 청년 직장인, 특히 이제 막 대학교를 졸업한 초보 직장인은 자신의 능력을 종종 과대평가하는 실수를 저지르기 쉽다. 대학교를 졸업한데다 어렵다는 취업난까지 뚫은 터라 그 어느 때보다 자신감이 넘친다. 그런데 회사에 들어가서 잡무 하나 제대로 해내지 못해 동료들에게 믿음직스럽지 못하다는 인상을 남긴다면 당사자로서는 심각한 위기가 아닐 수 없다. 이미지 관리와 함께 꾸준히 공부하는 노력도 반드시 수반되어야 한다.

일본 과학자의 연구에 따르면 사람이 평생 일하면서 필요한 지식의 90% 이상은 모두 일을 시작하면서 익힌다고 한다. 이는 사회생활을 한 뒤에도 계속 공부해야 한다는 중요성을 설명한다.

마지막으로 한 가지 강조하고 싶은 점은, 철저하게 현실적으로 직업을 선택해야 한다는 것이다. 직업 계획을 세울 때는 객관적으로 자신을 이해하고 평가하는 작업이 선행되어야 한다. 직업 포지션을 정할 때는 개인의 발전을 추구한다는 큰 틀에서 개인의 흥미, 장점, 지식, 능력에 맞는 대상을 골라야 한다. 그 밖에 객관적 환경 역시 꼼꼼히 짚어봐야 한다.

● OPEN YOUR EYES ●

성공의 법칙 중 하나로 자신의 잠재력을 계발하고 거기에 맞는 '포지션'을 찾는 노력이 지목된다. 우리의 삶은 우리가 어떤 위치에 있느냐에 따라 결정된다. 엉뚱한 위치에 자리잡으면—자신의 장점이 아니라 단점이 부각되는 일을 선택한 경우—곤란한 처지

에 빠지기 쉽다.

최후에 성공할 수도 있겠지만 그로 인해 다른 사람보다 많은 노력과 시간을 쏟아부어야 할 것이다. 끔찍한 대가를 원하는 사람은 없겠지만 잘못된 선택 때문에 평생 후회 속에 살아야 할지도 모른다.

워라밸을 실천하라

'따분하기 그지없는 일이나 하라니……. 이건 소중한 생명과 시간을 낭비하는 것이야. 나는 제대로 된 진짜 삶을 원해!' 이런 불만은 사회생활을 하는 직장인이라면 한 번쯤은 해본 생각이었을 것이다. 진짜 삶이란 대체 무엇인가? 아무것도 이루지 않아도 그냥 즐기는 것이 승자의 삶인가? 아무것도 해내지 못하는 시간이 길어질수록 자신은 쓸모없다는 생각만 쌓일 뿐이다. 살아간다는 즐거움은 주로 뭔가를 해냄으로써 얻을 수 있기 때문이다.

어느 날, 먼지가 뽀얗게 쌓인 건물 앞을 지나던 노부인은 안에서 벽돌을 쌓고 있는 건장한 청년들을 발견했다.

뭘 하고 있냐는 노부인의 질문에 거칠어 보이는 청년이 불만스러운 표정을 지었다.

"안 보여요? 벽돌 쌓고 있는 거……. 쳇, 내가 겨우 이딴 일이나 해야 하다니."

그러자 옆에 있던 차분한 표정의 청년이 예의바르게 대답했다.

"건축을 전공한 터라 제 실력으로 멋진 집을 지으려고 합니다. 생각만 해도 기분 좋네요."

일을 생계수단으로 삼는 순간, 일은 더 이상 즐거움이 아니라 무

294

거운 짐이 된다. 이에 반해 일을 즐거움으로 여길 줄 안다면 자신의 실력과 가능성을 마음껏 발휘하며 의미 있는 삶을 살 수 있다. 록펠러(Rockefeller)는 아들에게 보낸 편지에서 일을 재미있다고 여기면 삶은 천국이지만, 일을 의무라고 여기는 순간 그 삶은 지옥이 될 거라고 충고했다.

삶에서 가장 의미 있는 것은 바로 일이다. 아무리 역경에 처했다고 해도 자신의 일에 싫증을 느껴서는 안 된다. 자신의 일을 싫어하고 밀어내는 것보다 세상에서 고통스러운 일도 없다. 어쩔 수 없이 재미없는 일을 하게 되더라도 있는 현실을 그대로 받아들이거나 원망할 것이 아니라, 어떻게 해서든 그 속에서 즐거움을 찾아내야 한다. 적극적인 태도로 일을 대하면 제아무리 따분한 일이라도 충분한 즐거움을 느낄 수 있을 것이다.

한 사람의 가치는 빈부나 사회적 지위가 아니라, 자신의 장점을 최대한 발휘하고 즐겁게 일하며 의미 있는 삶을 보낼 수 있는가에서 결정된다.

일을 '원망'하는 것은 자신이 흥미를 갖고 있는 일을 해본 적이 없고, 자신에게 맞는 자리에서 최선을 다해 본 적이 없기 때문이다. 이는 지극히 보편적인 현상이지만 남다른 의지의 소유자는 개인의 노력, 이를테면 배움을 통해 현실을 개선하기도 한다. 배움을 통해 업무 경험, 지식을 쌓고 나면 그만큼 자신감이 생겨날 것이다. 일에서 즐거움을 찾게 되면 자신의 일을 더욱 사랑하게 되고 나아가 더 큰 즐거움을 찾는 '무한긍정의 힘'을 체험할 수 있을 것이다.

그렇다면 일을 단순한 생계 수단이 아니라 삶의 즐거움을 얻을 수 있는 '보물창고'로 활용하려면 어떻게 해야 할까?

원만한 인간관계를 구축해라

개인의 이미지와 업무 실적만으로 성공할 거라고 기대하기는 어렵다. 개인의 내면을 닦는 한편, 인맥을 쌓고 다양한 사람들과 교류할 줄 아는 사교술이 필요하다. 인간관계는 개인의 능력과 업무를 가시적인 성과로 구현하는 데 큰 영향을 발휘하기 때문이다. 뛰어난 업무 능력을 지녔지만 인간관계를 다루는 데 서툰 탓에 업무 능력이 제대로 발휘되기는커녕 좌절하는 경우를 현실에서도 어렵지 않게 찾아볼 수 있다. 다양한 의견에 귀기울일 줄 아는 사람은 평범한 능력을 지녔어도 주변 사람들로부터 호감을 이끌어 내며 손쉽게 문제를 해결한다. 그런 점에서 원만한 인간관계는 성공을 약속하는 일종의 '보증수표'다.

효과적인 소통 창구를 마련해라

원활한 소통과 협력은 윈윈을 위한 초석으로서 갈등 해소, 교류 강화, 동질감 확대, 가치관 통일, 정보의 보급, 사기 진작, 향상심과 단결력 강화 등과 같은 효과를 지니고 있다. 그러므로 다양한 형식의 효과적인 소통을 강조할 수 있어야 한다.

새로운 지식을 부지런히 흡수해라

새로운 업무 계획은 상상처럼 그렇게 복잡하지 않을지도 모른다. 하지만 특정 분야의 지식이 부족해서 많은 사람이 위축되곤 한다. 새로운 지식을 익히는 데 능숙한 사람은 배움을 통해 업무 중에 부딪히는 문제를 해결함으로써 자신의 경쟁력을 높인다. 평생 쉬지 않고 배우고 새로운 지식을 받아들이는 노력을 통해 우리는 새로운 시야를 확보하고 새로운 활력을 얻을 수 있다.

나만의 워라밸을 찾아라

사람은 기계가 아니다. 그러다 보니 언제나 기운 넘치고 한결같은 상태를 유지하는 것은 불가능하다. 쉬지 않고 앞만 보며 달리다가는 배터리가 떨어져 '방전'되기 십상이다. 그로 말미암아 심신의 건강을 해칠 수 있다. 삶의 목표를 위해 달릴 때는 타성이라는 성공의 가장 큰 적을 제압하는 동시에 '재충전'의 시간을 가져야 한다. 제대로 쉬지 못하고 미래의 '본전'을 마구잡이로 '당겨쓰다'가는 낭패를 맛볼 수 있다.

나 자신을 수시로 칭찬해라

짜증나고 힘들 때, 좌절해서 잠시 쉬고 싶을 때는 효과적인 방법을 동원해 심신을 위로하고 활력을 불어넣어야 한다. 성공은 하룻밤에 이룰 수 있는 것이 아니다. 그렇기에 계속 노력하는 것 외에 별다른 방도가 없다.

식구들의 생계를 책임지기 위해, 혹은 꿈을 위해 혹은 또 다른 무언가를 위해 당신은 지금 일하고 있을지도 모르겠다. 그것이 무엇이든 간에 일을 대할 때 마음속에서 뜨거운 열정과 에너지를 끌어낼 수 있는 방법을 찾는 데 심혈을 기울여야 한다. 일하는 즐거움을 깨닫는 순간, 그 일이 무엇이든지 즐거워하는 자신을 발견할 수 있을 것이다. 그것은 단순히 열심히 일한다는 사실이 아니라, 진정으로 삶을 즐길 줄 아는 자세이기 때문이다.

⋯10⋯

일에 대한 열정을 불태워라

눈에 보이는 성과를 올리고 이름을 날리는 것보다 열정을 불태우는 것이 우리의 삶에 지대한 영향을 미친다. 열정은 당신을 더욱 젊고 매력적으로 만들어 준다. 열정 없이는 더 나은 사람이 되겠다는 열망도 아름다운 인생도 멋진 당신도 존재할 수 없다.

마이크로소프트사의 인사 담당자는 기자에게 마이크로소프트사의 인재상에 대한 이야기를 살짝 들려줬다.

"MS맨이 되려면 회사, 기술, 그리고 일에 남다른 열정을 불태워야 합니다. 어쩌면 자리에 어울리지 않는 직원을 실무 현장에서 발견하고선 이상하다고 생각하실 수도 있을 겁니다. 나이도 어리고 경력도 신통치 않을 수 있지만 대신 모든 사람을 '감염'시킬 열정을 지니고 있을 겁니다. 그와 이야기하고 나면 절로 기회를 주고 싶다는 생각이 들 정도로 열정적인 사람, 그것이 바로 MS가 추구하는 인재입니다."

이제 막 회사에 들어간 초보 직장인들은 자신의 부족한 업무 경험을 채우기 위해 일찍 출근해서 늦게 퇴근하는 시간을 보내야 할 것이다. 점심을 먹을 시간이 없을 정도로 바쁘지만 마음만은 즐겁다. 매일같이 도전적인 일을 처리하느라 바쁘지만 새로운 지식과 경험을 쌓는다는 즐거움이 더 크기 때문이다.

사회에 처음 진출한 새내기라면 누구나 뜨거운 열정으로 혈기를 불태운다. 처음 접해 보는 업무와 지식에 대해 느끼는 신선함, 미처 예상하지 못한 문제를 해결했을 때의 성취감…… 하지만 시간이 갈수록 업무에 대한 열정은 싸늘히 식기 시작한다. 뭘 하든 다 귀찮고 지루하다. 자신의 길이 어딘지 찾지 못하고 열정적인 과거의 자신을 어떻게 되찾아야 하는지 알지 못한다. 주변 사람들의 눈에 비친 당신은 더 이상 무한한 가능성을 지닌 인재가 아니라 하는 일만 하는, 그것도 억지로 하는 기계나 다름없을 것이다.

열정은 전염된다

일에서 신선함을 찾는 것은 업무에 대한 열정을 유지할 수 있는 효과적인 방법이다. 첫째, 일에서 새로움을 꾸준히 느끼려면 일이 단순히 생계유지 수단이라는 인식부터 바꿔야 한다. 자신의 일과 성공을 연결시키는 것이다. 둘째, 장기적으로 열정을 불태울 수 있는 비결은 꾸준히 새로운 목표를 세우고 새로운 즐거움을 발굴해야 한다. 과거의 꿈을 되찾고 기회를 실천해야 한다. 셋째, 일에 문제가 없는지 살펴봐야 한다. 부족한 곳이 있으면 반드시 채워야 한다……. 이렇게 꾸준히 문제를 하나씩 해결하다 보면 작은 성취감을 얻을 수 있다. 신선한 감각을 통해 날마다 열정을 불태우는 것이다.

정신 상태는 서로 전염될 수 있다. 최고의 컨디션으로 본업에 충실하면서 성과를 올린다면 주변 동료들도 당신에게서 자극을 받게 될 것이다. 들판에 번지는 불길처럼 당신의 열정이 주변으로 서서히 퍼져나가게 될 것이다.

프랜차이즈 세차장을 운영하는 스미스는 자신의 일에 자부심을 가지고 있다. 장사도 잘 되고 직원들 역시 성실히 일하는 모습에 만족스러운 미소를 지었다.

사실 얼마 전까지만 하더라도 세차장은 제대로 운영되지 않았다. 이곳에서 일하기 싫다며 직원 중 상당수가 사표를 낼 생각이었다. 하지만 스미스가 열정적으로 직원들을 이끌고 진심으로 그들에게 관심을 보이면서 직원들도 서서히 마음을 열기 시작했다…….

스미스는 매일 가장 먼저 출근한 뒤 환한 미소로 출근 시간에 맞춰 나오는 직원들을 맞이했다. 자신의 업무 계획을 일정표에 공유하고, 서비스 개선을 위한 토론회를 추진하기도 했다. 때로는 직원들에게 마음 편히 쉬라며 자신의 휴가 일정을 맨 뒤로 빼기도 했다.

스미스는 열심히 일하라는 잔소리를 늘어놓는 대신, 적극적인 행동을 몸소 보여줌으로써 전체적인 회사 분위기에 활력을 불어넣었다. 그의 영향으로 실적이 점차 개선되면서 주변 사람들 역시 긍정적인 방향으로 변할 수 있었다.

열정은 믿음직스러운 사람이 되게 한다

건전한 정신 상태는 직원들의 책임감과 진취성이 외부적으로 구현된 것으로, 경영주가 가장 기대하는 목표이기도 하다.

일이 여의치 않더라도 걱정하지 말고 모든 것이 긍정적으로 해결될 수 있도록 자신의 심경을 다스릴 줄 알아야 한다.

찰리 존스(Charley Jones, 19세기 미국의 메이저리그 선수 - 옮긴이)는 자신의 현재 처지를 달갑지 않게 생각한다면 처지가 달라진다고 해도 여전히 즐겁지 않을 것이라고 말했다. 다시 말해서 자신이 소유한 사물, 몸담고 있는 일, 또는 자신의 포지션에서 아무런 즐거움과 느낄 수 없다면 원하는 것을 얻어도 여전히 불행할 것이다.

긍정적으로 변하고 싶은가? 그렇다면 자신에게서 그 비결을 찾아라.

경쟁이 치열한 직장에서 당신을 돕고 돌봐줄 사람은 누구일까? 사장? 옆에 있는 동료? 아니면 부하직원, 그도 아니면 친구? 보다 적극적으로 도전에 나서라고 격려할 수 있는 것은 여전히 나 자신뿐이다.

일할 때는 한눈팔지 말고 따뜻한 미소로 상대를 대해라. 길을 걸을 때도 가슴을 활짝 펴고 걸어라. 그래야 상대에게 당신이 믿을 만한 사람임을 어필할 수 있다.

결론적으로 날마다 최고의 컨디션으로 자신의 재능을 발휘하고 적극적으로 일에 도전해라. 그래야 자신의 잠재력을 충분히 드러낼 수 있다. 속마음까지 변화가 찾아오면 신뢰가 강화됨은 물론, 당신의 가치를 상대 역시 발견할 수 있을 것이다.

● OPEN YOUR EYES ●

일에 관한 열정은 일의 성과뿐 아니라 인생에도 영향을 미친다. 일에 대한 열정적인 마음가짐을 지녀야 업무 성과를 한 단계 끌어올리는 것은 물론, 예상 밖의 결과를 얻을 수 있다.

인생의   생각
함정을   습관
피하는

초판 1쇄 발행 2019년 5월 15일
초판 2쇄 발행 2020년 7월 10일

지은이 웨이슈잉
옮긴이 이지은

디자인 김상보
인쇄·제본 한영문화사

펴낸이 이영미
펴낸곳 올댓북스
출판등록 2012년 12월 4일(제 2012-000386호)
주소 서울시 마포구 연희로 19-1, 6층(동교동)
전화 02)702-3993
팩스 02)3482-3994

ISBN 979-11-86732-42-7 (13190)